探索山海连城　遇见绿美深圳

探索美丽浩瀚 走进神山圣湖

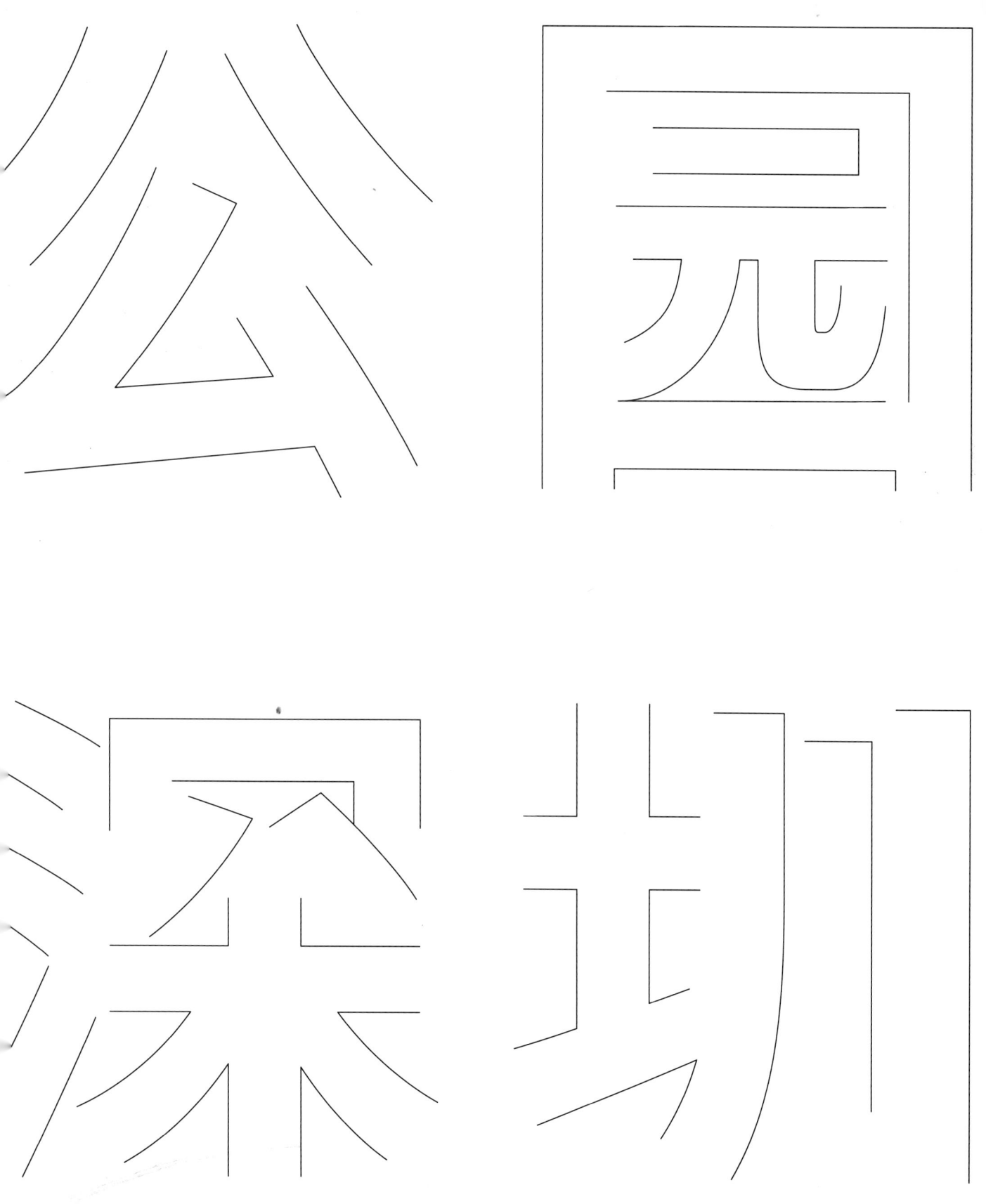

从公园出发

行走,不一定去远方;在我们生活的城市也可以走出别样的浪漫与诗意。

当你从深圳的车水马龙中穿过,会发现这座以速度和效率著称的梦想之城,也随处可遇从容美好的生活。

深圳城中有山、有海。虽然,她以1997平方千米(不含深汕特别合作区)的土地承载了超千万的人口,创造了数万亿的GDP成绩,但高楼林立之下,她还保有近40%的森林覆盖率,散布着上千座公园,交织着3000多千米的绿道,从空中俯瞰,就是一幅山海连城、蓝绿交织、人与自然相爱共生的生态画卷。

在深圳,公园是开放的。园中的山丘花树和城市景观道路、花漾街区相连相融。居民们推窗可见绿荫,出门便是花园,骑行有绿道,散步有时尚街区,远足有郊野径,"一脊一带二十廊"架构其间,让你分不清公园在城中还是城在公园中。

在深圳,去公园就是一种生活。吹海风看落日,登高山望星空,观飞鸟赏花海,做运动宿帐篷……你可以选择一个花香萦绕的公园书吧静静地坐下来读书,也可以背上背包用脚步丈量"鹏城万里"的风景。无论独处沉思,还是合家小憩,每一个公园都能让你找到怦然心动之处,让努力生活的你寄托着身心又滋养着身心。

本书便是基于城市视角,从各区特色公园出发,精选出28条或景色优美、或内涵丰富的漫步路线,并对公园特色、沿途风景、周边街区及人文历史等做详尽介绍,带领读者从公园出发,走进并感受一座宜居宜业宜游的年轻城市。本书内容均由撰写者亲自步量,因城市建设日新月异,若有变化或误差,敬请谅解并提示我们及时修正。期待捧书在手的你,无论深居此城,还是有缘到访,都能在适意的脚步中,了解这座公园城市的气质与魅力,天成与工巧,繁华与浪漫,记忆与未来。

本书编委会

2022年12月

目　录

001　福田 | 家在园中 身在福中

002　莲花山公园　信步东风里 拾级向春山
028　市民中心南广场　在城央种下一片花田
036　中心公园片区　穿越城市中心的山与河
050　香蜜公园　花香浓 爱也香浓
060　深圳国际园林花卉博览园　现代都市里的古早味
070　福田中心区夜景　星河灯海 夜色倾城

077　罗湖 | 转身遇见老时光

078　蔡屋围　那些"城"长的岁月
088　洪湖公园片区　满城记忆 半城荷香
098　仙湖植物园　任奇葩嘉树占尽山色湖光

115　盐田　|　梧桐探山花　梅沙逐浪花

　116　大梅沙海滨公园　面对大海许个心愿
　124　沙头角　传说中的"日出沙头　月悬海角"
　134　盐田港夜景　天边灯火　海上星河

137　南山　|　深圳湾畔的绿野仙踪

　138　深圳湾公园 A 区　海与城的诗意交响
　146　深圳湾公园 B·C 区　繁华之畔　天蓝蓝海蓝蓝
　156　华侨城片区　走向城市文艺绿洲
　164　前海石公园片区　在梦幻海岸　与未来之城相拥
　174　中山公园·南头古城　一步千年　看不一样的人间
　182　南山区夜景　每一寸时光都流光溢彩

189　宝安　|　日落西湾红霞飞

　190　滨海文化公园　越过都市　遇见海
　198　西湾红树林湿地公园　海波连空港　落日映长桥

209　龙岗　|　山环水润养出一城葱茏

　210　大运公园　登山行大运　临水做神仙

223　龙华　|　理解奋斗　才懂得生活

　224　深圳北站中心公园　守候追梦人的出发与归来

231　坪山 ｜ 草木生春色 悠然见坪山

- 232　坪山中心区　建筑很自然 自然很艺术
- 238　坪山河畔　幽静向左 繁华向右

245　光明 ｜ 从田园牧歌到科技神话

- 246　环虹桥公园片区　科学新城的绿意后花园

257　大鹏 ｜ 星空下的海誓山盟

- 258　沙鱼涌　蓝色是海 红色是荣光
- 264　坝光银叶树湿地园　在老村的记忆里徘徊

271　深汕 ｜ 眼前便是星辰大海

- 272　赤石河畔　润泽之城的水岸花园

279　附录

- 280　公园里的书吧
- 288　公园文化季
- 291　公园赏花月历
- 296　公园里的帐篷区
- 299　宠物公园
- 300　漫步锦囊

FU TIAN

福 田

家在园中 身在福中

很多年前,这里的先民在一间祠堂门前留下八个字:"湖山拥福,田地生辉"。于是,有了"福田"这个名字。而今,这道福光仍在照耀着生活在这块土地上的后人们。

在福田近80平方千米的土地上,横有塘朗—梅林—银湖一列山脉,纵有深圳河、福田河、新洲河等多条河流,覆盖着33.46平方千米绿地,山河之间散落着133座公园,包括两座国家级公园——莲花山公园和深圳国际园林花卉博览园(简称"园博园")。在福田生活的闲暇时光里,你可以钻进梅林山谷探访古老的苏铁林,可以去华强北游逛"中国电子第一街";可以走进深圳湾红树林观赏万里归来的候鸟,可以登临深圳第一高楼——平安国际金融中心;可以和心爱的人到香蜜公园幸福牵手;还可以带上孩子去荔枝公园享受欢乐时光。

福田,就是这样一个富有意味的名字。让你相信,这是一个可以满足你对美好生活向往的地方。

莲花山公园
信步东风里 拾级向春山

中国很多地方都有莲花山。深圳这一座，因为地处南海之滨，位于改革开放窗口，因亲历了中国经济特区波澜壮阔的崛起历程而意义非凡。

莲花山公园位于深圳市福田区，地处城市中轴线北端。随着公园建设理念的不断创新和服务设施的日益完善，这里已成为集山体、林带、湖泊、草地、花境等自然景观，登山径、漫步道、露营区、智慧健身房等运动设施以及红色纪念地标、历史墓葬遗址、自然特色教育和大型特色活动为一体的综合性国家重点公园。

对初到深圳的人来说，这里是深圳的"封面"。登上莲花山顶，循着一代伟人的目光遥望，东耸梧桐翠峦，西卧深圳湾碧波，向南，则是笔直的城市中轴线，穿越一城的高楼林立、车水马龙，直抵香港的苍茫群山。其间遍布图书馆、美术馆、书城、音乐厅、博物馆、规划设计馆等文化建筑，琳琅满目的商业群以及绵延不断的公园、林带和绿地，一座年轻城市的蓬勃活力与精彩万象一目了然。

而对深圳居民来说，莲花山是家门口的公共花园，是唱歌跳舞放风筝的日常晨昏。"走莲花山"是早六晚九的运动时钟，是写字楼窗外最直观的自然日历——春天木棉红了，夏天紫薇开了，秋天异木棉火了，当一年一度的簕杜鹃展绚烂开幕，草地音乐会的旋律在夜空下回荡，一年的时光就要过去了。

莲花山公园漫行

路线长度：约 4.3 千米　　**漫步难度**：★★★☆☆　　**漫步时长**：90 分钟

① 关山月美术馆
② 漾日湖
③ 深圳经济特区建立三十周年纪念园
④ 雨林溪谷
⑤ 风筝广场
⑥ 南大门
⑦ 莲花湖
⑧ 椰风林
⑨ 邓小平同志铜像
⑩ 习近平手植树
⑪ 深业上城

 洗手间　 停车场　 绿地　 水系

·········· 登高路线
--------- 环山路线

温馨提示

◎ 起点交通指引：乘坐地铁 3 号线或 10 号线到莲花村站 D 出口出，步行 100 多米可到达莲花山公园东南门。或乘坐公交车至"关山月美术馆②"公交站下车，步行约 300 米可到达东南门。

△ 莲花山公园南门

登高线 | 这里传唱着春天的故事

线路推荐

公园南门—金桂路—蓝楹路—莲峰西径—山顶广场—莲峰东径—绿榕路—深圳经济特区建立三十周年纪念园—关山月美术馆

莲花山拥有深圳八景之一"莲山春早"。这不仅是指，每年南太平洋温暖的季风早早带来春天的消息，也意味着这里最早感知中国改革开放"东方风来"的蓬勃春意。

2000年，一代伟人邓小平同志的青铜塑像在山顶落成，这里便日渐成为深圳经济特区改革开放主题公园，多位党和国家领导人都曾来这里参观视察，留下众多历史记忆。2016年，莲花山公园入选《全国红色旅游景点景区名录》。当你漫步在花明鸟跃的环山步道上，总有游人问你：去邓小平铜像怎么走？

这条红色漫游路线便是将这些纪念性景点串联起来，完成一段生动的改革开放史的回味与学习。

公园南门

莲花山公园被红荔路、新洲路、莲花路、彩田路四条主干道环绕，交通便利，东、南、西、北都有出入口。其中，位于红荔路的南门是正门。大门形似相机的取景框，意为"改革开放的窗口"。每逢春节，门前的老榕树挂满灯笼，与大门艳丽简洁的中国红相呼应，成为节日留念必选背景。

△ 莲花山山顶广场

山顶广场

　　从南门进入公园，一路向北走，再沿蓝楹路向东便见到一条登山径——莲峰西径。拾级而上，20 分钟便抵达莲花山峰顶。这里建有 4000 平方米的山顶广场，是深圳市内最高的室外广场。广场中央便是高 6 米、重 6 吨的邓小平同志铜像，他神采奕奕，大步向前，目视前方香港苍翠的群山。

　　从山顶广场极目远眺，可以鸟瞰深圳中心城区全貌。正前方是形如大鹏展翅的市民中心，书城、图书馆、音乐厅、少年宫等文化建筑环绕四周。再远，可以看见福田的平安金融中心，罗湖的地王大厦，南山的"春笋"，它们在翡翠般的大地上标注着深圳日新月异的天际线。

△ 邓小平同志铜像是"深圳改革开放十大历史性建筑"之一。每年清明，深圳市民会自发来这里献花，感念党的改革开放政策给这片土地带来了前所未有的生命力，给中国人民带来了美好新生活。

△ 1984年1月,邓小平同志来到刚刚建立四年的深圳经济特区,目睹了特区的发展变化之后,挥笔写下了"深圳的发展和经验证明,我们建立经济特区的政策是正确的。"刻在山顶广场影壁上的这句话对推动中国改革开放历史进程影响深远。

△ 影壁另一面刻着邓小平同志的另一句话:"我是中国人民的儿子,我深情地爱着我的祖国和人民。"

△ 习近平手植树

习近平手植树

　　山顶广场向北 50 米，有一株枝繁叶茂的大树。2012 年 12 月，习近平总书记来到广东考察，在莲花山顶种下了这棵高山榕。而今这棵大树已根深叶茂、浓荫如盖。

深圳经济特区建立三十周年纪念园

　　从莲峰东径一路下山，穿过绿榕路，便到达晓风漾日景区的"深圳经济特区建立三十周年纪念园"。纪念园呈半合围圆形，取意邓小平同志"在南海边画的一个圈"。入口有胡锦涛同志手植桂花树。北面竖立着 26 米

△ 深圳经济特区建立三十周年纪念园

长的三组浮雕墙，分别以"春天的故事""走进新时代""走向复兴"为主题，刻画着深圳特区三十年发生的重大事件与场景。浮雕墙后环绕有 30 棵小叶榕，风姿飒爽，生机勃勃。

关山月美术馆

关山月美术馆是以著名艺术家关山月先生名字命名的国家美术馆，珍藏着关先生 813 件各个时期的代表作品。1997 年 6 月正式落成，江泽民同志亲笔题写馆名。该馆占地 8000 平方米，拥有 8 个室内标准展厅，一个中央圆形大厅和一个户外雕塑广场，该馆以收藏和研究关山月先生及其所处的 20 世纪中国美术作品为特色，是文化和旅游部评定的首批 9 家国家重点美术馆之一。

温馨提示

◎ 莲花山主峰海拔 100 米，一般体能都能轻松抵达。
◎ 山顶广场也是观看中心区灯光表演最好的位置，节假日人较多。
◎ 莲峰西径和莲峰东径上有很多岔路，即使走岔了也没关系，最终都能到达环山的主路。

△ 关山月美术馆

△ 风筝广场上乘风而起的风筝

休闲线 | 看花飞、鸟飞、风筝飞

线路推荐

莲花放彩水景—漾日湖—榕荫路—雨林溪谷—荔林路—风筝广场—红棉路—美人树—椰风林草坪—莲湖东道—莲湖西道—毓秀园—公园西北门

  莲花山公园精华景区集中在南坡。从东南门入，西南门出，可以一路走遍公园的精华路段。依托山体自然形貌，沿路分布林带、溪谷、草坪、花径、人工湖，由东至西可以贯穿漾日湖、雨林溪谷、莲花湖等亲水景观，可以徜徉深圳经济特区建立三十周年纪念园、风筝广场、椰风林三大草坪。一路走走停停，看漫天的风筝乘风高飞，目驰神往，心情舒畅，脚步轻快如歌。

△ 漾日湖冬景

漾日湖

漾日湖位于莲花山公园的东南角。夏季，莲花山的雨水会经雨林溪谷流入湖中。湖东有一片池杉，湖北有一片蔷薇风铃木，所以漾日湖的秋冬季变得色彩斑斓。随着干湿季的变化，湖面时大时小，但池鹭和其他鸟儿是一直在的，还有湖畔风雨廊下活跃的乐团、广场舞阿姨，日日欢歌不断。

雨林溪谷

雨林溪谷是莲花山最幽静的一角。夏季，有水流潺潺，沟谷的美人蕉、再力花铺展一片浓浓的翠绿；秋冬季，水岸边盛开大片冬红，吸引来叽叽喳喳聚餐的鸟儿，这里便成了深圳观鸟爱好者的胜地，经常可以遇见他们扛着"长枪短炮"，扎堆儿在隐蔽处蹲守。

▷ 雨林溪谷盛开的冬红

△ 风筝广场

风筝广场

　　滨海的深圳四季和风送爽，适合放风筝的地方很多，但最具标志意义的无疑是莲花山的风筝广场。广场视野宽阔，2万平方米的草地依地势平缓起伏，北有莲花山葱郁的山林，南有中心区幢幢高楼勾勒的都市轮廓，丽日晴空的"深圳蓝"是风筝高飞的最美背景，无论是退休的长者还是撒欢的孩童，都笑脸朝天。因为场地宽阔，这里也是莲花山草地音乐节和各类大型活动举办的地方。

椰风林草坪

　　莲花山公园南门两侧，各有一片大王椰子树林，树干笔直，阵列整齐，与各种棕榈科树木、热带花草一起，营造出浓郁的南亚热带风情。南门西侧的椰风林草坪，

△ 椰风林草坪

是人们对莲花山公园最早的记忆，常有宝宝在这里学步，和觅食的黑领椋鸟一起在草地上蹦蹦跳跳、叽叽喳喳。

莲花湖

穿过椰风林草坪,向北便到了莲花湖。莲花湖是个人工湖,湖水静谧清澈,环湖有一片落羽杉,不时掠过的鹭鸟常打破水面的天光云影。湖畔有些常客,拿着书,拎着水,靠在椅子上消磨时光。

莲花湖南有块巨石,上面写着"莲花山放歌"——这里是老前辈唱红歌的地方。其实也不只老人,当那些耳熟能详的旋律响起,很多年轻人也会被感染,跟他们一起高歌"革命人永远是年轻"。

△ 莲花湖

毓秀园

毓秀园由公园花圃改造而来,是簕杜鹃精品盆景、盆栽专类园。园内以簕杜鹃为主,配以四时花卉,通过结合景墙、枯山水、框景、青瓦等中式元素,让簕杜鹃源自南美洲的热烈,与中国传统文化的古雅相得益彰。

▷ 毓秀园

环山线 ｜ 四时有花开 日日景不同

线路推荐

公园南门—红棉路—蓝楹路—绿榕路—紫檀路—碧桃路—红榄路—金桂路—公园南门

对于都市人来说，每一片绿地，都是疗愈紧张心绪的方舟。更何况在都市中心、尘嚣深处有这么一座草木葱茏的莲花山。

莲花山公园北侧以疏林草地为主，依地形保留了山岭坡道，植有桃树、烟火树、台湾鱼木等景观林木，绿茵深处还有一座距今700多年的南宋古墓"黄默堂墓"；南部则以开敞的休闲绿地为主，环山而行，一路可见红花玉蕊、苹婆、水黄皮、海南菜豆树、阳桃等众多乡土树种，也有面包树、吊瓜树、火烧花等异域花木。

莲花山南面是CBD高级商务区，写字楼里尽是忙碌追梦的年轻人；东西北面则环绕着一些老小区，住着许多特区早期建设者。每天到莲花山走走，是这座城市对他们最好的鼓励，也是最好的回报。公园四周都有入口，从周边过条马路进入公园就能转换心情。

△ 莲花山公园一角

美人树

正对着莲花山公园正门，有一棵风姿绰约的美丽异木棉，俗称"美人树"。树干膨大如瓶，先花后叶。每年入秋，满树艳丽的花朵如盛装的美人，引领着满园秋色，与盛放的簕杜鹃一起形成了缤纷夺目的秋日繁花盛景。

大榕树

红棉路南，有天桥通往市民中心。入口有几株高大的老榕树，自成风景。走累了可以坐在树下看满天风筝飞，看孩子们满地跑，听阿姨们叮叮咚咚在树下练习打手鼓。

苹婆与吊瓜树

风筝广场南面种有一小片苹婆，每年五月都会开出串串灯笼样的小花，入秋结红艳艳的蓇葖果。果皮裂开，露出黑亮的种子，所以也叫"凤眼果"。苹婆是岭南乡土树，它旁边的吊瓜树来自非洲，开紫红色的花朵，结好看不好吃的木质"吊瓜"。在你看花赏果的时候，常有倭花鼠在树枝间飞速爬过。

△ 美丽异木棉

△ 大榕树

△ 苹婆

△ 火烧花和海南菜豆的落花

火烧花与海南菜豆

"人间四月天"也是莲花山最美的季节。新雨之后,走过落花满地的草坪,绿色是海南菜豆树的花,橙红是火烧花,世界美丽而安静。

荔枝林与凤凰木

深圳很多公园都保留着大片的古荔枝林,莲花山荔林路两侧就有成片的荔枝树。夏日环山走,可以穿林而过。七月荔枝成熟,丹红的果实挂满枝头,遇到果农收获,可以直接在树下买来吃个新鲜。荔枝林上面的半山腰,有数千株凤凰木,初夏时节花开,满山红遍,热情似火。

桃花与五桠果

莲花山北麓有一片桃花林。岁末年初,桃花早早盛开。应了广东过年必摆桃花的风俗,吸引着人们来此拥抱最早的春天,讨个欢喜意头。

桃花林向西走,一路有不少奇花异木,如海南红豆、复羽叶栾树、面包树等,其中五桠果的花果最为别致,花如倒扣的碗,果像倒悬的球。

△ 五桠果开花

△ 凤凰木林

△ 荔枝林

△ 桃花林

△ 方尾鹟

△ 凤头鹰

△ 红嘴蓝鹊

△ 丝光椋鸟

△ 斑姬啄木鸟

📖 扩展阅读

莲花山里常遇的鸟儿

　　山丰林密的莲花山,是鸟儿最爱的家园。若你常在莲花山漫步,便常会遇见鸟儿们也在漫步。它们才是这里的常住民。有些甚至并不怕人,只是与人们保持着安全距离。

福田　家在园中　身在福中

△ 池鹭

△ 鹊鸲

△ 红耳鹎

△ 白胸苦恶鸟

📖 扩展阅读

莲花山簕杜鹃花展
有一种秋色叫姹紫嫣红

簕杜鹃是深圳市花。从 1999 年开始，每年干爽宜人的秋季，深圳都会举办簕杜鹃花展。2003 年，花展从东湖公园落户至莲花山公园，截至 2022 年已举办 22 届，来自世界各地的各色簕杜鹃在此争奇斗艳大放异彩，与这座生机勃勃、光彩四射的城市交相辉映。此时的莲花山公园浓妆艳抹，万紫千红，是一年中最美艳的时节。

△ 2022 年第八届莲花山草地音乐节

△ 莲花山公园簕杜鹃花展

△ 2022 年簕杜鹃花展的参展作品

莲花山草地音乐节
星空下最浪漫的古典

2014 年 11 月，首届莲花山草地音乐节在风筝广场举办，从此成为莲花山最浪漫和最令人期待的公共艺术活动。这场"全公益古典露天音乐节"不收门票，舞台呈开放式，人们可以坐在草地上，听音乐在夜空下自然流淌。德国柏林爱乐交响乐团、维也纳施特劳斯节日乐团、意大利威尼斯交响乐团等十多个国家的顶尖交响乐团都在这里演出过。

音乐会期间，中心区楼群同步上演灯光表演，璀璨灯光随着音乐节奏变换着图案，让城市的夜变得如梦如幻。

△ 深业上城

深业上城小镇 忙碌的城有颗文艺的心

位居都市中心的莲花山公园像一个多通路都市生活转换器。向南，过红荔路天桥，就是文化艺术核心区；向东，过彩田路天桥，则进入一个活色生香的商业小镇。

不同于惯见的城市商业综合体，深业上城小镇是一个可以不为任何消费也愿意去走走的地方。在写字楼、酒店及商务公寓环绕之中，是一个以高低错落LOFT群组成的时尚街区。大面积的彩色墙、特色店营造出浓郁的艺术气息和休闲氛围，成为年轻人约会打卡的潮流地带。

通过曲折连廊，深业上城连接起莲花山与笔架山两座公园，让漫步路线丰富而便于转换，行走或者小憩，街市或者山林，随心所欲。

△ 深业上城无印良品酒店

全球首个无印良品酒店

深业上城无印良品酒店，是全球首个由无印良品官方发布的签约酒店，秉承极简主义的美学设计，无印良品酒店质朴、简洁而舒适。其与深圳无印良品旗舰店、无印良品餐堂一起，构成全球首个无印良品酒店、零售、餐厅"三合一"项目。设计与实用兼备的家居用品以及文艺图书吸引着青年人的脚步。

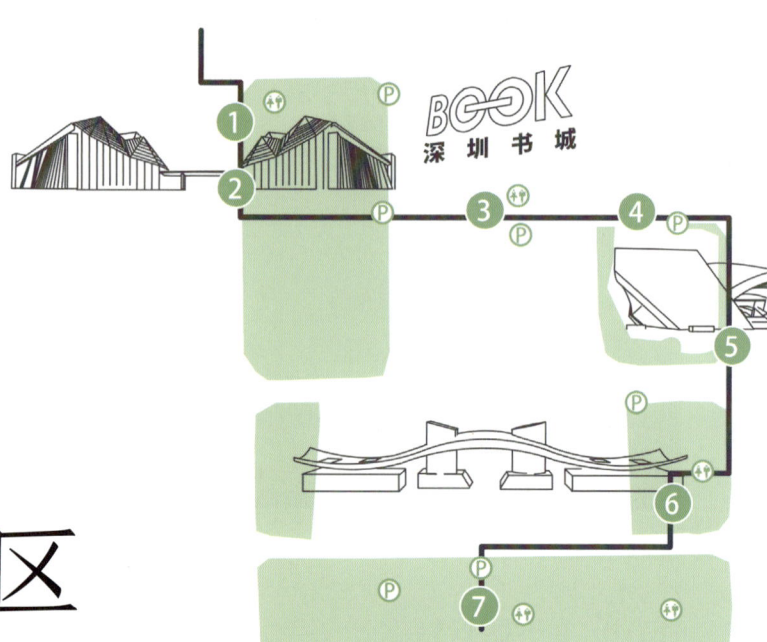

扩展路线

CBD 文化区
奋斗之城的精神乐园

　　从一座城市的中轴线穿过，大约是了解它风貌气质的最便捷路径。站在深圳中轴线北端的莲花山顶，俯瞰市中心万千气象，除了高耸入云的摩天楼和滚滚不息的车流，还有一片风格各异的城市文化建筑群。

　　这里囊括了深圳市音乐厅、深圳市图书馆、中心书城、少年宫、深圳市当代艺术与城市规划馆、深圳市博物馆等文化地标，是深圳人工作之余最喜欢流连的精神乐园之一。

　　莲花山南，有宽阔的天桥直通市民中心。沿着这条中轴线两侧漫步，一路尽是书声与歌声。这是城市送给栖居在这里的人们的礼物——它把城市最好的位置，留给了文化与艺术。

中轴线漫行
市民中心以北 CBD 文化区

路线长度：约 2 千米
漫步难度：★☆☆☆☆
漫步时长：30 分钟

① 深圳音乐厅
② 深圳图书馆
③ 中心书城
④ 深圳市少年宫
⑤ 深圳市当代艺术与城市规划馆
⑥ 深圳博物馆（历史民俗馆）
⑦ 市民广场北区

 洗手间
 停车场
 绿地

△ 夜晚的深圳图书馆和音乐厅

深圳文化中心 金树与银树 音乐与图书

城市是一个不断生长的文化有机体，从城市建筑中，我们能看到一座城市的抱负与态度。被誉为"设计之都"的深圳，孕育了多种风格的建筑，深圳文化中心就是人气地标之一。

深圳文化中心由南面的图书馆和北面的音乐厅组成，由国际著名建筑大师矶崎新设计。钢琴线幕墙和书状的外形，分别代表了音乐和图书。室内顶部由不规则银色柱子组成，也被称为"银树"。夜幕降临之后，图书馆与音乐厅会呈现出"一银一金"不同的光色。

从音乐厅南门进入，是十米长的艺术长廊。这里收藏有乐器及艺术大师的字画。穿过长廊来到金树大厅，可以看到五根金色的巨大树状结构体支撑着屋顶，灿烂的阳光透过金树洒落下来，整个大厅尽显金碧辉煌。

除了举办常规的音乐会以外，深圳音乐厅还在周末推出各类公益演出、音乐沙龙、讲座、民族乐器展演等文化活动，均对市民免费开放。

音乐厅二楼户外平台，是音乐广场，可举办户外音乐会、展览会。音乐广场把音乐厅的金树大厅和深圳图书馆的银树大厅连接起来，构成一条文化桥梁。

深圳图书馆馆藏约1018.72万册图书，近2000个座位经常座无虚席，看到深圳人认真读书的样子，就仿佛看到这座城市正在努力奔跑。图书馆入口有座"南书房"，藏有文学、历史、哲学等社科类经典图书，你只要申请一张电子阅读证，就可以在这里静静度过一个美好周末。

△ 中心书城一角

中心书城 即便深夜，读书的灯也为你亮着

出图书馆，沿福中一路往东走300米，就能到达全国单层面积最大的书城——深圳书城·中心城。中心书城分南北两区，东西两侧则是"诗、书、礼、乐"四个绿色文化公园。

在书城与音乐厅之间，是一片小叶榄仁树林，阵列齐整，翠茵茵像一队青葱少年。而这片广场也聚集了不少民间艺人作画、演奏，以绝技赢来路人层层围观。

中心书城是一个独具特色的文化综合体，除了书，还有各种美食和让人惊喜的创意小集市，这里面的"大台阶"非常出名，常有名家在这里举办公益讲座。

中心书城里的24小时书吧，是深圳一道特别的风景线。书吧里的"最长书桌"旁总是坐满了读者。深夜，书吧不灭的灯光，让无数灵魂在喧嚣中找到安静独处的位置，越夜越明亮。

少年宫 深圳人的科学启蒙地

中心书城北区往东，穿过绿树如茵的书城广场，就能看到两座"山"，"山"间有一个透明的圆柱，在夜晚的灯光下，这个透明圆柱仿佛一个巨大的水母。这便是深圳少年宫，自2004年六一儿童节落成起，就陪伴着一代代深圳青少年成长。

作为公共科普文化场所，少年宫拥有国内首批免费开放的科技展馆，并在其中设置了许多富有趣味性和知识性的科普互动项目，让少年儿童体验神奇的科学，打开他们探索未知世界的大门。

当代艺术与城市规划馆
中心区最"出片"的建筑

在深圳，从不乏国内最前沿的建筑设计，深圳当代艺术与城市规划馆就是其中之一。该馆的设计出自"奥地利蓝天组"设计事务所，自开馆后，这里就成为深圳"最受欢迎的拍照地"之一。

深圳当代艺术与城市规划馆，这两个独立的展馆统一坐落于同一座建筑之下，并共用部分公共服务空间，倾斜的几何线条，在光影的层叠交错里变幻，不同角度带来不同的美感。

走进建筑内部，玻璃、不锈钢、板材、石材在钢结构的支撑下，彼此延伸扭转，变化多端，如梦如幻，现代感与科技感极强，很受摄影爱好者青睐。

馆内有"大潮起珠江—广东改革开放40周年展览"、城市规划展览，还有一些精品临展也很不错，可以提前做好攻略来观看。

△ 当代艺术与城市规划馆内景

温馨提示

◎ 展馆开放时间：10:30-17:30（逢周一闭馆）。

◎ 预约：可在"深圳市当代艺术与城市规划馆"公众号预约、也可现场预约，部分临展需门票。

△ 深圳博物馆（历史民俗馆）

深圳博物馆 珍藏深圳古今与未来

无论外地人，还是深圳人，想了解这座城市的前世今生，必定会走进博物馆。从深圳市当代艺术和城市规划馆出来，穿过福中路，深圳博物馆（历史民俗馆）就伫立在眼前。这里讲述了深圳从刀耕火种的远古到先行示范的今日所经历的种种故事。

深圳博物馆目前有4个展馆，历史民俗馆是其中之一。这里最具特色的是深圳改革开放史展厅，独家珍藏着深圳经济特区建立、发展以及中国改革开放以来的珍贵史料。

历史民俗馆的临展质量上乘，每年都有各种高规格主题展惊艳亮相。国宝奇珍、绝世文物常出现在这些精品展上，路过便不能错过。

△ 深圳博物馆展厅

温馨提示

◎ 展馆开放时间：10:00—18:00（17:30停止入场，周一闭馆，重要节假日期间开放，重要节假日后的第一天闭馆）。

◎ 预约：门票免费，部分展馆需提前在"深圳博物馆"公众号预约。

△ 市民中心北广场

市民中心北广场

深圳"第一屋顶",名曰"大鹏展翅"

深圳中轴线最显眼的建筑,无疑是状若大鹏展翅的市民中心,建筑顶部的波浪线"若垂云之翼",寓意"鲲鹏展翅九万里",它拥有全国最大的异形曲面钢结构大屋顶,也被称作深圳"第一屋顶"。

深圳市民中心是中国少有的主动开放中轴线空间的市政府行政中心。不管你是来闲逛、拍照,还是赏花,这里都会欢迎你。而位于市民中心与深南路之间的市民广场,横跨深南大道,平坦宽阔,非常适合傍晚漫步。放风筝、玩滑板、对着玻璃幕墙练习舞蹈……形形色色的人们,在政府办公楼旁边休闲放松。

在市民中心B区,是深圳市工业展览馆。旋转楼梯上缠绕各种霓虹灯,当灯光点亮时,就像置身于好莱坞电影里的科幻场景。馆内展示着深圳前沿工业科技产品。坐在顶层的空中花园,可直接瞭望福田CBD,风景独好。

市民中心南广场

在城央种下一片花田

　　深圳的中轴线上,从象征它精神理想的莲花山,到弥漫着艺术气息与书香氛围的文化建筑群,到大鹏展翅的市民中心,然后就到繁花似锦的市民中心南广场了。广场上有一片绿地,又名"市民花田",承载着市民与城市一年一度的美好约定。每年市民志愿者走入花田种下花卉,细心翻土、拔草和养护,数月后就能收获一片缤纷烂漫的花海,这是城市中心里一片充满田园野趣的"桃源",也是献给城市与所有市民的礼物。

　　从市民中心南广场再往南走,就是流光溢彩的 CBD 商业区。分布在福华路南北两侧的多个大型购物商圈,就像漫步中轴线后的一个个"充电站",也像深圳的一个博纳四海的大橱窗,人们在琳琅满目的各类潮品和熠熠闪烁的霓虹灯招牌间,领略的是这个开放型城市的风尚与品位。

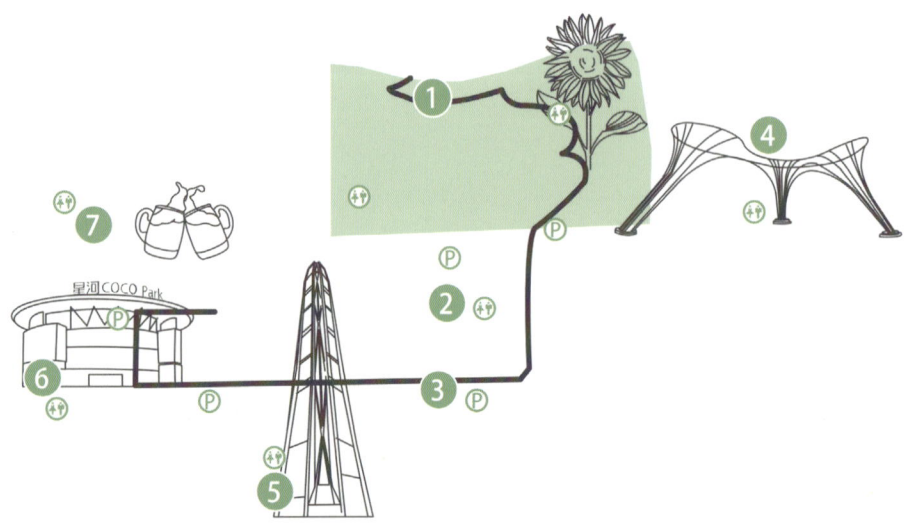

市民中心南广场漫行

路线长度：约 2.2 千米

漫步难度：★☆☆☆☆

漫步时长：35 分钟

① 市民公园
② 领展中心城
③ 皇庭广场
④ 卓悦中心
⑤ 平安金融中心
⑥ 星河 COCO Park
⑦ 购物公园

洗手间　停车场　绿地

温馨提示

◎ 起点交通指引：乘坐地铁 2 号线到市民中心站 F 口出，步行 500 米左右即可到达。或乘坐公交车至"大中华国际广场"公交站下车，步行约 500 米到达。

福田 家在园中 身在福中 031

△ 市民中心南广场的向日葵花田

市民公园 繁华都市里的自然野趣

从城市上空俯瞰，市民公园郁郁葱葱的植被正好覆盖在中轴线上，像一朵"绿色的云"。这里小径清幽，有一种在城市中心探寻野趣的浪漫感觉。在 CBD 高楼群围绕下，漫步花海中，或在木凳上歇息一阵儿，与眼前的尘嚣若即若离，有一种"鱼与熊掌"兼得的惊喜。

南广场东边的"网红"花田，是市民志愿者参与种植的公益绿地，足足 3300 平方米，曾种过秋英、向日葵、五彩油菜花，甚至玉米。每逢春季，花开成海，美不胜收。站在市民花田的高处，可近赏眼前的花海，可远观林立的建筑群勾勒出的城市天际线。市民公园与其他公园最大的不同，便是它的存在并非为了让人远离城市的喧嚣，而是告诉你，城市本身就是一座可以观赏的景观。

CBD 商业区 深圳橱窗 青春秀场

市民中心南广场以南是卓悦中心、领展中心城、皇庭广场、平安金融中心 PAFC MALL、福田星河 COCO Park、卓悦 INTOWN、连城新天地、购物公园等商场。众多大型商圈囊括了人间的精华美味与时尚，在中轴线上构建起一个潮流、社交、生活中心。

从市民广场南 1 门出来抵达福华一路，过马路往西走 100 米左右，就到达领展中心城北门。2022 年 1 月，开业 15 年的中心城重装完毕，定位为"福田中轴线上的都市桃源"。如今的中心城，屋顶花园和下沉广场花园以垂直绿化墙连接，配上不同季节开花的植物和草坪，一年四季呈现不同风景。商场内部也划分为春、夏、秋、冬四个主题区域，通过相应的色彩营造季节流转之美。

穿过福华路，两三分钟就抵达 CBD 另一个网红商圈——皇庭广场。这是一家当之无愧的社交型购物中心，漫步其中，可以感受到蓬勃多彩的青春气息。

"首店"是皇庭广场的主打吸引力。商场内的谭仔米线，是内地首店；小柴米，是华南首店；摩打食堂、丘大叔、港究茶等，是深圳首店……这里引发了不少年轻人"打卡探店"的风潮。而沉浸世界、Dior 引力熊、星际熊等特色门店，以及乌鸦咖啡、皮爷咖啡等时下网红饮品店，也均是年轻人青睐的约会"老地方"。

△ 领展中心城

△ 皇庭广场

福田　家在园中 身在福中　033

如果从市民广场南 1 门出来，沿福华一路往东走，穿过金田路，就能到达另一个开放式街区形态购物中心——One Avenue 卓悦中心。虽然开业时间不长，但卓悦中心已成为集商业、文化、艺术、娱乐等多重功能于一体的国际商业时尚新中心。

站在横贯卓悦中心南北、长约 800 米的中央大街入口处，一眼可以看到由雕塑名家隋建国创作的《预言者》和喷泉广场上的公共装置《云樽》。两件艺术作品与卓悦中心建筑面巧妙呼应，极具都市感。夜幕降临时，地面的上百盏圆形地灯随着韵律舞动，美轮美奂。

行走在卓悦中心，用处处留心皆惊喜来形容也不为过。商场在每个中庭区域都设置了艺术装置和快闪店，随意一抬头，便有可能收获一场视觉盛宴。

△ 卓悦中心天元广场

平安金融中心 PAFC MALL
漫步云端或脚踏实地

　　沿着福华路向西走，不到800米，就能到达平安金融中心。作为深圳地标建筑，平安金融中心集办公、商业、会议、观光、奢华精品酒店等于一体。大厦的116层被称为Free Sky观光层，可以360°俯瞰深港风光。

　　作为深圳第一高楼、也是中国第三高楼下的购物中心，PAFC MALL集结了诸多可圈可点的品牌门店。商场B1层是地铁直通层，这里被打造成一个名为"时集"的时光穿梭主题场景区，以"特色+品质餐饮"为主打，是福田CBD白领们的美食基地。

△ 福田星河 COCO Park

福田星河 COCO Park CBD 青年的不夜城

与 PAFC MALL 相邻的星河 COCO Park，与地铁 1、3 号线的购物公园站无缝衔接，是一个公园版情景式购物中心。12 条折叠式内街，6000 平方米的下沉式星空广场，八大自然光中庭，天台星空栈道，打破了传统商场的封闭式构造，即便已经开业十几年，这样的商场规划仍不过时。

作为福田中心区最老牌的商圈之一，COCO Park 在美妆、潮流、网红餐饮等方面的品牌体系都十分成熟。而下沉广场不时更新的市集和艺术潮流展会，则会让你在漫步过程中偶遇一份惊喜。

深圳最著名的购物公园酒吧街，与 COCO Park 一路之隔。你要问夜半的深圳是怎样的，除了科技园的灯火通明，或许还有这里的灯红酒绿。夜幕下的酒吧街霓虹闪烁，流光溢彩，是这座不夜城迷人的另一面。

温馨提示

◎ COCO Park 为宠物提供推车套绳等物品，可以带宠物一起感受时尚生活。

中心公园片区
穿越城市中心的山与河

　　北起笔架山，南到滨河路，一条蜿蜒的福田河从深圳市中心潺湲而下，串联起深圳市中心两大高人气公园——笔架山公园与中心公园，形成一条纵贯繁华都心的风景走廊。

　　从深南大道滚滚车流里拐出，或者从华强北密集的写字楼穿过，仿佛一个转身，就坠入了这片充满田园气息的都市绿洲。

　　这里有果林、河岸、湿地、草坪，还有浓荫匝地的登山径和水草丰美的人工湖。无论骑行、登山、漫步，或是带上帐篷和一家人，在水边听虫声叽叽看星光点点，都会让你忘却正身处一个现代化大都市的繁华腹地，身边只有绿意环绕、水蓝天青，以及由此蔓延开来的悠悠宁静。

　　从滨河大道出发，一路漫步至笔架山公园，这条漫步路线总长近7千米，尽管要横穿福中路、深南大道、振华路、红荔路、笋岗路多条干线，但你的兴致并不会被打断，你会跟福田河一样，从容地从下沉隧道悠然穿过。只是，行进的脚步不时会被各种迷人的景色绊住脚：满树摇曳的繁花，林中飞过的啼鸟，还有钓鱼的大哥，扔飞盘的孩子，直播跳舞的大妈，慢跑而过的姑娘……风拂过衣衫，阳光打在脸上，身边的小美好触手可及。

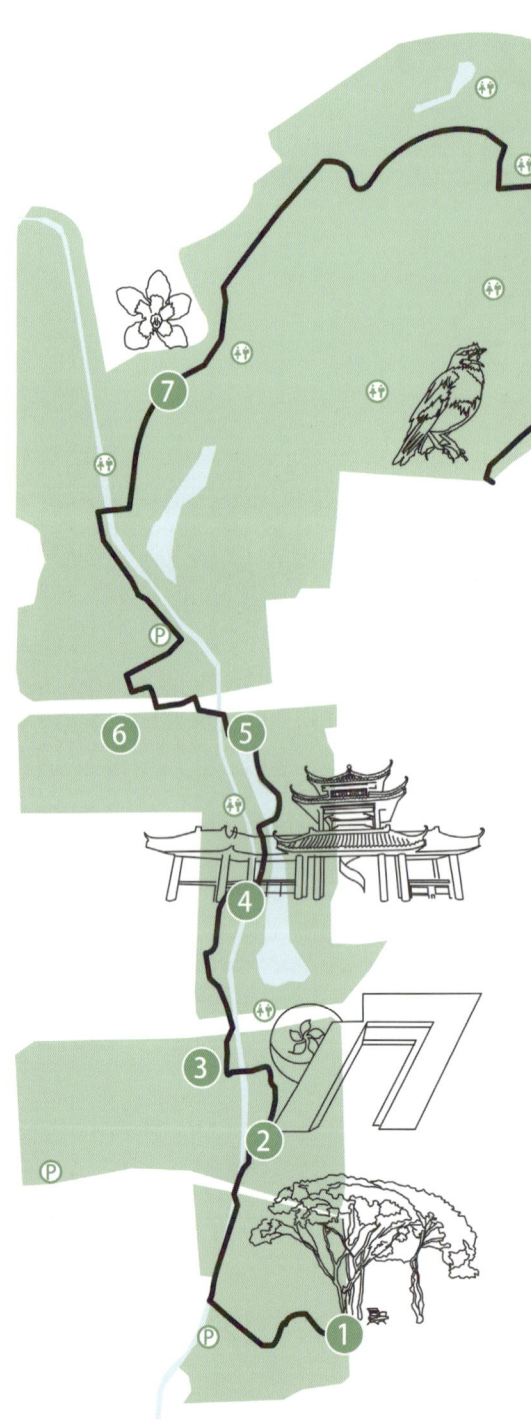

中心公园片区漫行

路线长度：约 7 千米

漫步难度：★★☆☆☆

漫步时长：100 分钟

① 榕树广场
② 97 回归广场
③ 人行天桥
④ 观光亭
⑤ 人工湿地
⑥ 福田国际友谊墙
⑦ 桉树林

温馨提示

◎ 起点交通指引：乘坐地铁 2 号线到岗厦北站 16 号口出，步行 1.1 千米左右即可到达。或乘坐公交车至"华富路②"公交站下车，步行约 300 米到达。

 洗手间　　绿地

 停车场　　水系

△ 远眺中心公园

中心公园 城中心的"自然会客厅"

　　中心公园面积达 126.13 万平方米，横跨福田华强北片区和华富片区，是许多人一出门就能抵达的公园，也是千园之城的深圳最奢侈的一片绿色。中心公园划分了 A-E 区，每个区域还有独具特色的游玩设施。整个公园兼具生物多样性和休闲多样性，集生态环保、科普教育、康体休闲于一体，是名副其实的城市中心"自然会客厅"。

　　在中心公园漫步，外围棕榈成林，一派南国热带风光；园内则有加拿大海枣、双生大王椰、吊瓜树、象耳豆、腊肠树、雨树等特色树种林立，与本土的木棉、凤凰木、广玉兰共同搭建起一片城市芳洲，同时也为各种虫鸟提供了良好的栖息环境。

　　福田河潺潺流过园内，为两岸错落的原生态景色留下时间的痕迹。专门修建的亲水步道与石桥，可以让人进一步亲近自然。园内的景观湖与人工湿地相近，汇成一隅水草丰茂鱼鸟聚集的泽国。值得一提的是，哪怕是雨天，中心公园也有独特的惊喜——2000 多平方米的风雨兰总是在雨后齐齐绽放，繁茂的粉红色花朵是雨天最出"彩"的风景。

△ 榕树广场大草坪

榕树广场

从华富路入口进去，是中心公园的 C2 区。入眼是层层青翠的树林，数个亭台点缀其中，若是凑巧，还能遇到票友在此学唱粤剧，古腔古调，颇有几分正宗的老广韵味。穿过密林走到大榕树下，有矮矮的几层阶梯，因为有枝叶繁茂的榕树庇护，成了人们歇息的好地方。从此处放眼望去，平坦开阔的绿草坪上，有一家人野餐，有幼童嬉戏，有人试飞风筝，有人晒着太阳小睡……绿色的树遮蔽了城市的喧嚣，只漏下点点安静的阳光。

97 回归广场与儿童活动区

如果仅是沿着河边漫步，位于 D2 区的 97 回归广场并不惹眼，但走近细看这座雕塑与雕塑下方的回归碑文，你会瞬间走进历史。红色雕塑构造出"97"的字样，"9"

△ 福田河

的上半部分巧妙地嵌了一个银色圆球，圆球上的紫荆花正代表着香港。

在回归广场旁边，是青梅童乐园。深圳是一座儿童友好城市，几乎每个公园都规划有专门的儿童游玩区。中心公园的青梅童乐园充满自然童趣，有沙池、小商店、跷跷板和画满动画形象的小石径，连洗手池都是奶黄的"皮卡丘"造型。

石头桥与人行天桥

福田河全程穿过公园,为将公园的各个区域连起来,各种各样的桥便成了中心公园的一大特色。在 D2 区,石头桥和人行天桥都是网红打卡点,两座桥离得不远,漫步通行或者拍照,都很适宜。

石头桥是一种过水桥,人站在石头上,清澈的水从石头间流过,在阳光下波光粼粼。小朋友们喜欢在这里看小鱼儿畅游,跟它们玩捉迷藏游戏。人行天桥上,便是伫立看风景的人,或者不觉中站成别人眼中的风景。

穿过石头桥或人行天桥,便是公园的 D1 区。这个区域除了大面积的足球场、网球场和篮球场外,同样有大片草坪。郁郁葱葱的草地上生长着各种园林花卉,季节不同看到的花也不同,不少文艺拍客喜欢把这里称为"宫崎骏动漫里的世界"。

△ 中心公园里的朱顶红

景观湖与人工湿地

　　从公园的 D 区到达 E 区，需要沿着河边穿过一个涵洞。这个涵洞并不黑暗潮湿，它的墙壁上画满了草长莺飞，是一道幻想里的美丽景观。

　　如果说公园的 A、B、C、D 区是城市休闲区，那么 E 区就是生态区。中心公园南北都有一个景观湖，E 区的景观湖与人工湿地紧邻，登上湖边的二层观景台，整片湖泊尽收眼底。每年三月，湖边的朱顶红会花开成海，灿烂而热烈。

　　在景观湖附近的人工湿地，你会欣喜地发现，漫步公园时那些从头顶掠过的鸟，大都可以在这里再次相遇。中心公园原就是经过环境改造提升的城区湿地公园，这

△ 人工湿地的小白鹭

△ 福田记忆公园一角

处人工湿地保留了它最原生态的一面。人工湿地两岸十分贴心地设置了符合人体工学的躺椅，傍晚时分，在躺椅上沐浴夕阳，听虫鸣鸟叫，流水潺潺，结束美好的一天。

国际友谊墙与福田记忆公园

中心公园的最北边，靠近笋岗西路的出入口，有一面福田国际友谊墙。这面墙介绍了 12 名荣获"福田国际友谊奖"的国际专家、学者、科研人士、企业家、慈善家。友谊墙的后方有鸾凤造型的"国际友谊奖"标识图案，寓意"筑巢引凤"，表达了深圳对国际友人的敬重和感念。附近还有一片"深圳国际友城友谊林"，每一棵挺拔的树木，都见证着深圳与国际友城的友谊长青。

友谊墙和友谊林代表着深圳的国际化，而不远处的福田记忆公园，则用雕塑和老照片建构起深圳人的乡愁。在这里，乡村人家的耕牛、鸡舍、小竹椅，城中村里的小卖部和修理铺一一呈现在眼前，上梅林村、下梅林村、田面村等 15 个行政村落从农耕时代到改革开放后的城市化变迁，一目了然，是本地人怀旧、外地人了解福田前世今生的"室外博物馆"。

△ 笔架山公园山顶

笔架山公园 给闲适生活来点野性

从中心公园东北门出来，穿过天桥就是笔架山公园南门。虽然仅一路之隔，两个公园的气质却完全不同。

相比平坦开阔的中心公园，笔架山更多了一丝"野"性。公园散落着大小十余座小丘，其中两座主峰东西鼎立，形同笔架，因而得名。园内林木葱郁，"二湖一河"嵌于其中，15个中式风格的凉亭分布在公园的山丘和道路上，歇息纳凉非常便利。而福田河在园中静静流过，岸边花树掩映，垂钓者沿河而坐，互不打扰，各自享受着属于自己的安静时光。

笔架山的运动属性很强：5条登山步道，2个室外健身广场，贯穿全园的跑道，路上除了悠游漫步的游客，便是挥洒汗水的跑步者。同样，它的自然属性也很强：花草虫鸟，生境多样性孕育了物种多样性，同时园内还基于丰富的乡土植物与林鸟资源，建设了自然教育径和趣味迷你花园，可以让你在漫步之余了解妙趣横生的自然知识。

趣味植物迷你花园

过了福联桥，沿着桉林路往北走，便能看到一个小象形状的科普展牌。小象的肚子上有 16 块可翻动的牌子，用拟物的方式介绍象腿树、龟背竹、鹅掌藤、金鱼花等形态有趣的植物。这是趣味植物迷你花园的入口，若感兴趣，可以走进花园，探索更奇妙的自然之谜。

桉树林

桉林路之所以叫桉林路，是因为路两旁种植着深圳城市公园面积最大的一片柠檬桉树林。这片树林由深圳林场在 20 世纪 60 年代初种植，半个世纪的阳光雨露，将它滋养得挺拔秀美、参天蔽日。从树林间穿过，隐约能闻到柠檬桉沁人的芳香。

双砚湖

桉林路东边的双砚湖，是笔架山公园最大的湖泊，也是深圳十佳观鸟地之一。双砚湖边种植了大片的垂枝红千层，枝条柔软下垂，清风拂过，条条垂枝上绿叶红花随风飘荡，妖娆动人。砚湖亭、感恩亭伫立在湖边，绿树亭台间，近观倒影，远眺城景，多少烦恼都尽沉湖底。

展览馆与洞明桥

桉林路的尽头，是笔架山公园展览馆。整体呈圆台形，面积不算大，里面常年展出书法、绘画等艺术作品。苍翠的枝叶映照在展览馆大面积的玻璃上，与仿石砖的外墙相映成趣，简洁雅致。

展览馆前面是一个小湖泊，洞明桥横亘其上。灰色的石桥与两头苍翠的树木构成一角精致的园林小品。

△ 趣味植物迷你花园

△ 双砚湖

登山步道和山顶观景台

笔架山不高，爬起来不算费力。上山有平坦大路，也有崎岖小径，体力好一点的话，不到半小时就能抵达山顶。笔架山公园登山步道修建得非常完善，目前有卧龙径、蝉雀径、探幽径、步云径、书香径几条路。步道两旁高大的树冠形成了天然的遮阴棚，让登山的路途凉爽又舒适。

在笔冠峰的山顶观景台上远眺，有种一览众山小的辽阔感。这里与地王大厦、京基 100 遥遥相望，可以俯瞰罗湖繁华的城市景观，又可极目远望深圳湾和香港的山海风光。夕阳西下后，夜幕笼罩下的万家灯火，如同点点繁星，温暖而平静。

扩展阅读

水围村 一围烟火气 人间小确幸

背靠内陆，隔岸香港，在得天独厚寸土寸金的福田中心区，却有着一座拥有 600 多年历史的城中村——福田水围村。村落距离中心公园两三千米，如果逛公园走累了，可以来水围村享受一餐风味美食。

走进水围村，能让人一下子跌落在一幅热闹的风俗画里。就好像汪曾祺老先生在《做饭》一书中所写的那般："到了一个新地方，有人爱逛百货公司，有人爱逛书店，我宁可去逛逛菜市。看看生鸡活鸭、新鲜水灵的瓜菜、彤红的辣椒，热热闹闹，挨挨挤挤，让人感到一种生之乐趣。"水围村就是这么一个具有"生之乐趣"的地方，这里有着最浓郁的烟火气，更蕴藏着深圳城市发展变迁的记忆。

在改革开放前，水围村只是一个普通的小渔村。1992 年 10 月 15 日，作为深圳城中村改造的先行先试者，水围村正式挂牌为水围居民委员会，同一天，深圳市水围实业股份有限公司正式成立，开始农村城市化建设。三十多年的时间积累，成就了今天的水围村——商业大厦、现代化住宅小区、文化广场、博物馆、图书馆、菜市场、大型超市、临街食肆林立，街头熙熙攘攘，展现出生活的千姿百态。

古人追求"大隐隐于市"的生活。有着多年历史的水围村，无疑给都市中人提供了这样的一个空间，古朴与现代并存，高效与慢生活兼容。白天你披甲上阵，在职场上"南征北战"，暮色四合，你拐进水围村，在夜

△ 水围·1368 文化街区

市街的摊位前被一份食物的香气俘获，于是，重回生活。

也许，水围村的意义也正在于此：提供慰藉身体的美食，也提供慰藉心灵的烟火气。

水围村的新与旧

水围村很旧,它是一座有着六百多年历史的古村落,漫步于此,随处可见历史的痕迹,从街道的命名、街边的装饰到一棵棵百年老树投下的幢幢树影,都让人从闹市抽身,投奔到片刻的怀旧时光中,走过不起眼的街角,甚至还能偶遇早已淘汰在时代浪潮中的卖旧光碟的小店。

水围村很新,这里是深圳城中村最早升级改造的地方,它拥有设计新颖、高低错落的广场商铺,文艺小店林立,半个福田的年轻人都会往这里跑。在水围村,墙面被刷成鲜艳的颜色,和街边热闹盛开的花儿一起,将它装扮得五彩缤纷。

在深圳人的心里,水围村拥有独一份儿的神奇魅力。古朴宁静,青春靓丽,皆是水围村。无论你是想感受浓郁的市井气息,还是想做时尚弄潮儿,水围村都能满足你。

水围村最知道如何保留自己的根。在古井广场和庄氏宗祠,你可以了解水围村的数百年村史。据说明朝洪武元年(公元1368年),战国中期著名思想家、哲学家、文学家庄子的后人从福建春阳迁徙而来,定居于此。彼时,这里是一片临海滩涂、盐碱之地,水质浑浊苦涩,水围村庄氏先祖为此忧愁不已。1376年是龙年,这一年秋天,水围村庄氏先祖发现了一眼甘泉,便深挖砌井,命名为龙秋泉,此后古井四周慢慢发展成村庄。"水环四壁,围昌万年",便是水围村的由来。如今,龙秋古井仍是水围村的地标,在古井旁,一棵百年古榕静静矗立,见证着这里的发展与变迁。

如果对水围村的文化历史感兴趣,古井广场、庄氏宗祠、庄子广场、水围文化广场的浮雕墙都是不容错过

△ 村内的古榕树

△ 柠盟人才公寓

的景点。

在握手楼犹如"一线天"的巷道里，7座不同色彩的电梯被架设起，这是居住在柠盟人才公寓的青年们通往"家"的"彩虹桥"。

柠盟人才公寓，又被深圳人形象地称呼为"七彩人才公寓"，是由29栋握手楼改造而成的人才保障房社区，在全国属于首例。公寓还设置了空中连廊，通过廊桥可到任意一栋。楼与楼之间的空间腾出来了一个200平方米的公共活动空间——青年之家，所有住户可以在这里健身、阅读、聊天、做饭。

年轻又时髦的七彩公寓是水围村近年来的新地标。也是年轻人新的打卡胜地，随手一拍都是五彩斑斓的大片。

要是对自然博物感兴趣，不妨去水围村雅石艺术博物馆看看。它是目前全国唯一的社区奇石博物馆，坐拥几百件奇石精品。450平方米的展厅展出了各种类型的奇石，有广西柳州的水冲石、四川长江的红卵石、广西大化县的梨皮石、贵州的乌江石、安徽的灵璧石、新疆的孔雀石等，有像山峦的、像动物的、像图画的，全部是大自然的鬼斧神工之作，每一个石头都有自己的名字，也有自己独一无二的故事。

温馨提示

◎ 展馆免费对外开放，如果仔细欣赏每一块石头，整个观展过程大约需要1～2个小时。若有闲暇，在博物馆里赏鱼、赏石、赏花，任凭夕阳缓缓落下，也是个不错的选择。

水围村的日与夜

在学者和诗人的眼中，城中村是他们灵感的栖息地，在追求生活的人眼中，城中村是承载希望的落脚点。水围村两者兼具。

在水围村并不宽敞的街道上，从晨曦到暮色，只要愿意，你总能寻到一方属于你的惬意。清晨，在茶餐厅点一份早点，加一杯港式奶茶，坐在门口的临街餐桌上，看行人漫步，开启一天的生活；夜晚，华灯初上，锅碗碰撞，油盐飞舞，那一碗人间烟火，总能让忙碌了一天的深圳人卸下疲惫。

△ 水围村街头

△ 水围村的水果摊

在日夜交替中，一店一景、一铺一味，处处是喧嚣，但又处处是踏实。生活在此处，是胃与灵魂的双重慰藉。

对于老饕来说，水围村是美食的代名词。每天下午4点，在长不过百来米的水围村夜市街，老板们推着小吃车准时开档。炸串、椰子冻、小龙虾、烤冷面、煎饼果子、牛杂粉、臭豆腐、炒饭、海鲜粥……在吃的方面，水围村将多元发挥到极致，几十家档口，汇聚了从南到北、从中到西的各方美食。

除了一条主街，在水围村的其他街巷里还零散地分布着一些小吃摊，只要来到水围村，都值得去尝尝这一口"锅气"。特别是冬季，一口热粥下肚，暖意瞬间蔓延全身，那种幸福滋味无法言说。

"水围·1368文化街区"的夜晚也是妙不可言。"1368"是水围建村的年份。"水围·1368文化街区"作为水围村改造转型的缩影，是深圳旧改的一次全新探索，既保留了城乡改革的历史文化遗产，又突出了本土传统文化与国际化建设融合的特色。在这里，你可以看到广府风情的骑楼、廊柱，"庄周巷""庄森巷""敬德巷"——十一条纵横交错的街、巷经过重新梳理，以庄氏先祖的名字命名。还有创意小酒吧、特色小吃、人气饮品、文化餐吧、创意手作等特色店铺，独具一格的美食美景，灯火通明的"不夜城"，让街区不仅成为年轻人热衷的网红打卡地，更是深圳市内影视取景、婚纱照拍摄的热门地。

白天的"水围·1368文化街区"静谧古朴，文艺气息满满，一到晚上，热闹的氛围则让人恍若置身一场小型live house现场，不管何时到来，都别有一番风味。

香蜜公园

花香浓 爱也香浓

在一座城市落脚，总是会下意识寻找：城市中心在哪里呢？对于深圳这座"中心"众多的城市，问题就不太好回答。但提到车公庙，没有人会否认它作为一个"中心"的存在。

一座座站立的金融街，使这片区域早已褪去"庙"的痕迹。除了细究历史的人外，或许大家也不太会多想车公是谁。时光流转之间，车公庙已经变为深圳一个地标。这里是众所周知的地铁转乘中心、金融中心和消费娱乐中心。招商银行大厦等地标建筑，入驻了多家知名金融机构。周边的丰盛町步行街、十亩地等，则是年轻人经常光顾的消遣之地。

站在车公庙高高的写字楼上，伫立窗边向北而望，在充满现代都市气息的楼群间，是一大片迷人的苍翠。日光照耀下熠熠闪亮的那片水面便是香蜜湖。往日的游乐场正在经历着一场华丽蝶变，不久后，它将成为深圳新的文化中心和国际交流中心。不远处，另外一小片绿荫环绕的水域，就是香蜜公园。

香蜜公园和香蜜湖听起来像是一家，但它们实际上并无直接关系。也许是人们太喜欢这两个字了，于是，这一片都被赋予香与蜜的味道，永远洋溢着香浓的甜蜜。

站在高处俯瞰，往往会有意想不到的收获。香蜜公园内一条溪流自北向南流过，在南部汇入花香湖和花蜜湖。湖边散落着秀丽宜人的园林景观，人们在这里漫步流连，欣赏着一湖碧水以及水面上轻翔的白鹭，享受着百花的芬芳以及花香中甜美的生活。

公园深圳

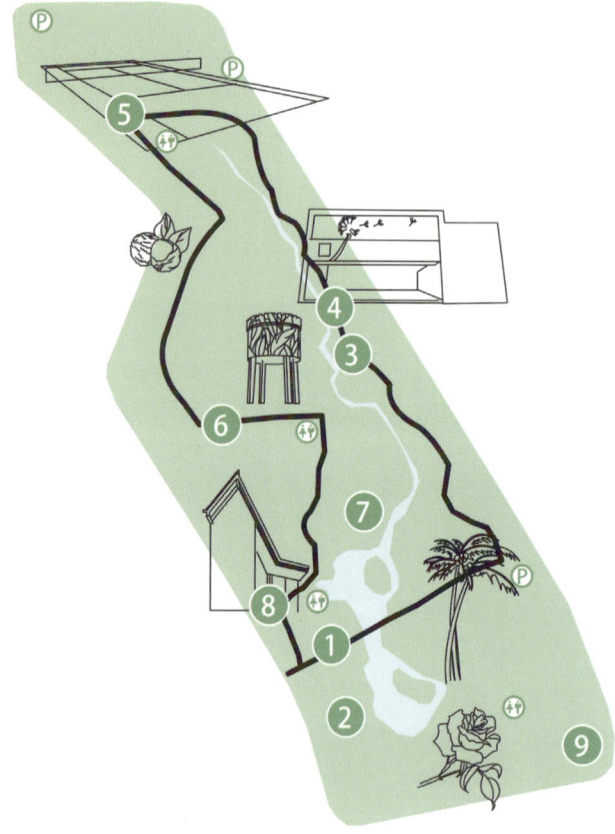

香蜜公园漫行

路线长度：2.8 千米

漫步难度：★☆☆☆☆

漫步时长：50 分钟

① 椰林大道
② 福田区新时代文明实践中心
③ 水塔
④ 深圳市生活垃圾分类科普教育馆
⑤ 香蜜体育中心
⑥ 福田区艺文儿童文学院
⑦ 玫瑰园
⑧ 婚礼堂
⑨ 四季花谷

 洗手间　 停车场　 绿地　 水系

温馨提示

◎ 起点交通指引：乘坐地铁 2 号线到香蜜站 D 口出，步行 1.6 千米左右可到达。或乘坐公交车至"招商银行大厦②"公交站下车，步行约 1.4 千米到达。

椰林大道
别具南国风情的迎客礼

走进香蜜公园正门,迎面便是笔直的椰林大道。上百棵挺拔的大王椰,分列在长约 360 米长的道路两侧,宛若威容赫赫的仪仗,列队欢迎到来的每一位游客。椰林大道是一条迎宾道,同时也是一条中轴线,为北边的花蜜湖和南边的花香湖划出了一条分隔线。踏上椰林大道的人通常会有两种选择,向南漫步,沉浸于花香湖畔的静谧;或是顺着椰林大道前行,再往北探索兼具幽静与动感的开阔园景。从这个意义上来说,椰林大道也是一条导览线,它为不同喜好的游客,划出了符合各自需求的漫行线。

△ 椰林大道

游客服务中心
拂面而来的文明新风

公园正门入口处的一座徽派建筑,经常会成为游客拍照的背景。这里原是香蜜公园游客服务中心,2021 年,福田区将新时代文明实践中心落户此处,香蜜公园成为福田区新时代文明实践的枢纽和窗口。市民可以在这里了解和参与福田区全年丰富多彩的群众文化活动,还可以旁听"公园里的大学"公共讲座,在惬意舒心的氛围中,加入文明实践的行列。

△ 游客服务中心

环境教育广场 每人都是一粒蒲公英种子

走到椰林大道尽头,向北有一片开阔地,这里是以环保为主题的环境教育广场。广场旁原来是一座半开放式的资源回收处理场地,经过改造变身为深圳市生活垃圾分类科普馆。

这座充满时尚和科技感的科普馆富有趣味,吸引不少人带着孩子在休息中学习知识。人们便像科普馆上的蒲公英一样,在文明新风的吹拂中,不自觉便成为一粒环保种子。另外,广场一角有一群小猫经常在此活动,与游客们愉快互动,让这里充满友善温馨的气氛。

△ 环境教育广场

体育中心 释放属于你的动感节奏

香蜜公园的西北部是香蜜体育中心,各类运动场地一应俱全,包括7个标准网球场、6个篮球场、1个标准11人足球场、2个标准7人足球场。晚上这里灯火通明,场上一派生龙活虎。林荫活力广场是广场舞爱好者每日舞动的天地。如果运动累了,周边的便利店、溢茶、蜜咖啡、香蜜茶舍等小店,可以随时补充消耗掉的水分,为你的大汗淋漓提供充足保障。

温馨提示

◎ 可通过"美丽深圳"公众号的体育场馆一键预约功能,预定相应时间段的体育场馆。

△ 香蜜体育中心

△ 福田区儿童图书馆香蜜分馆

儿童乐园 童话世界的五彩斑斓

香蜜公园有多处孩子们喜爱的游乐场。从椰林大道进入公园，便可看见小蝴蝶游戏场，沿途还有糖果游戏场，小荔枝游戏场，以及石溪游戏场。这些游戏场，从设计语言到游乐设施都按照"儿童友好城市"理念建设，为不同年龄段的孩子提供不同游乐项目。

婴幼儿可以在小蝴蝶游戏场游玩。2~4岁的孩子们，可以在糖果游戏场享受自由嬉戏的水乐园。稍大些的小朋友，则可以到石溪游戏场尽情地与同伴玩滑梯等游乐设施。除了畅快地玩之外，公园里的"两馆一院"，还为孩子们提供了学习场地。坐落在荔枝园附近的展览厅童趣十足，这便是福田区艺文儿童文学院、福田区儿童图书馆香蜜分馆和福田区少儿美术馆所在地。孩子们可以在这里读书学习、参加各类儿童活动，在书香与花香的陪伴中，快乐无忧地成长。

婚姻登记处 心手相牵的甜美时光

在花蜜湖畔，种植有一大片月季花，大家习惯叫它"玫瑰园"，就连园中的饰灯也雕刻着玫瑰花瓣。8000平方米的花园里装点着5万株、30多种玫瑰与月季，是名副其实的花的海洋。花蜜湖的水，玫瑰园的香，心情不甜美都不行。福田区民政局就把婚姻登记处安置到这里，再配以中式和西式的婚礼堂，一下子让新人们的幸福美满从眉眼甜到心间。这里被网友们评为"最美婚姻登记处"，无数对新人的甜蜜分享，让这里从开园之初就在网上高调走红。

△ 中式婚礼堂

栈桥风景 看见登临高处的满眼热望

香蜜公园共有三处栈桥，分布在公园的南部、中部和北部。在园内漫步，游客可以在自己认为合适的入口，随时随地登上栈桥，眺望远处的风景。登上北部栈桥和中部栈桥，可见四周荔林青翠。高耸的水塔是这里的"土著"。它的前身是农科院的灌溉设施，在修建香蜜公园时特意将其保留，看见它便想起这片土地的沧桑变化。

登上南部栈桥，花香湖一池碧水尽收眼底。湖边漫步的长者，湖畔嬉闹的孩童，健步快走的年轻人……美好生活倒映在一汪湖水中，明净而闪亮。栈桥为我们观察自己的生活，提供了另一个角度。站在桥上，不仅能看到不同的风景，也深切地感受到，眼前触手可及的一切与你我同在。

△ 栈桥

📖 扩展阅读

四季花谷 城市花房浪漫满屋

△ 香蜜湖·四季花谷

△ 四季花谷的花卉装置

△ 四季花谷的花墙

　　2022年初，位于公园东南角的四季花谷正式开园迎客。以花为名的建筑群，再次赋予香蜜公园浓郁的花香气。流连在香梅斋、兰花庭、杜鹃阁、桃花源……各类主题花卉展馆之中，游客可以欣赏各类花卉，了解园艺知识，购买中意的鲜花。在游览公园欣赏四季花景之余，走进四季花谷顺便捧一束鲜花回家，也是不错的选择。

📖 扩展阅读

香蜜公园里的老树

　　对这座城市来说,时尚又网红的香蜜公园其实并不"年轻",遍布公园的老树印证着它与这座城市交叠的历史。这里曾经是美食城、娱乐城、欢腾的水上乐园,老深圳人漫步其中,总有一些旧时光翻上心头。

　　香蜜公园所在位置最早是深圳市农科中心,特区建设初期的农业科技人员从国内外引种的名贵园林植物就栽培在这里。公园规划建设时,对原有植物进行了调查摸底,其中近80%的农科老树悉数留存,不仅丰富了公园景观、节省建设成本,而且延续了公园历史文化意义。

△ 从左至右,分别是荔枝树、龙眼树、榄仁树、印度紫檀。

荔枝与龙眼

　　农科中心引种的树木中,荔枝、龙眼数量最多,形成了当年著名的白沙岭荔枝基地。今天公园内著名的荔林风光就是由当年的3000多株荔枝树组成,依然是春来花香馥郁,夏至丹实累累。

榄仁树与印度紫檀

　　公园修栈道时会尽量绕开原有树木,最大程度保护原有植被。这棵健壮的榄仁树穿桥而上,生机勃勃。花蜜湖南侧,有两排美丽且珍贵的印度紫檀。秋天时,带翅膀的种子会从树上飞旋而落。

△ 从左至右,分别是红豆树、青梅树、苦楝树、相思树。

红豆与青梅

打"感情牌"的香蜜公园,不仅有中式、西式两座风格明快的婚礼堂,登记处附近还留有一棵青梅树和一棵海红豆树,也是当年保留下来的老树。青梅两无猜、红豆寄相思,设计师的良苦用心让幸福在此交融。

苦楝与相思

除了红豆树,婚礼堂周边还生长着苦楝树和许多大叶相思、马占相思树。"苦恋"与"相思"都是爱情的美好滋味。

深圳国际园林花卉博览园
现代都市里的古早味

"园博园"全称深圳国际园林花卉博览园,它缘起于2004年9月至2005年4月深圳举办的第五届中国国际园林花卉博览会,展会结束后不久,便转变成永久性市政公园,从2007年起向市民免费开放。这一特性使它成为一个集园林艺术、花卉展示、大众文化、科研科普、旅游休闲于一身的大型市政公园。

从地图上看,园博园位于塘朗山和深圳湾之间,它的建成使得这段山海之间大约4千米的纵贯线上,串糖葫芦般串着塘朗山公园、园博园、深圳湾公园三个大型市政公园,周边居民远一点可以去看山看海,近一点则可把漫步园博园变成生活日常,步行几百米,瞬间就从现代城市穿越到古意盎然的传统中式园林中,品味红砖碧瓦、雕梁画栋、小桥流水。

当年的展会参展国家、城市达82个,园中建造了上百个园林景点,市民"游一园而品百园"。这里不仅有京派园林的皇家风范、江南园林的诗情画意,还有岭南园林的精雕细琢;同时还收集了亚、欧、美、非四大洲的代表性园林作品。如果喜欢拍照的话,园博园堪称深圳"打卡"景点最多的市政公园。近几年随着汉服的兴起,古意盎然、景点众多的园博园,更是成了汉服爱好者们拍照"打卡"的网红公园。

深圳国际园林花卉博览园漫行

路线长度：3千米

漫步难度：★★☆☆☆

漫步时长：90分钟

① 迎宾广场和综合馆
② 粤清园
③ 花卉馆
④ 茶花园
⑤ 天海广场
⑥ 福塔（弘福寺）
⑦ 听香苑
⑧ 南苑
⑨ 汇芳园
⑩ 水墨江南

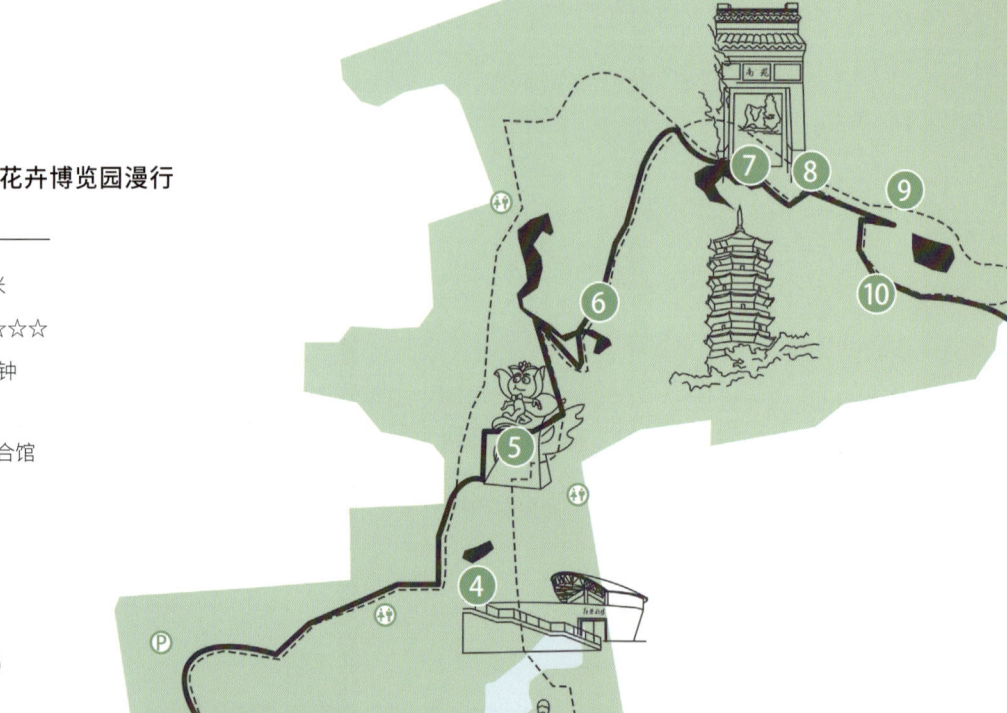

洗手间　绿地　环游路线

停车场　水系

温馨提示

◎ 起点交通指引：乘坐地铁2号线到安托山站B口出，步行1.4千米左右可到达。或乘坐公交车至"园博园①"公交站下车，步行约200米到达。

△ 园博园一角

南园区 岭南韵味唤醒乡居记忆

园博园的主要景观，也可以用"一场两馆三塔四湖五园六桥"来概括。"一场"是指欢乐剧场，这个露天的小剧场每年都会上演一些文艺节目，公园文化季期间更是会用一系列的童话音乐剧为小朋友们带来奇妙的夜晚。"两馆"是指综合馆和花卉馆，主要用来承办大大小小的活动和展览。综合馆如今被赋予了更多的社会功能，深圳市城管智慧中心就设置在这里；而花卉馆在举办花展的时候，是最佳的室内展示场所。"三塔"是指东坡塔、雷峰塔与福塔；"四湖"则是指映翠湖、鸣翠湖、揽翠湖和汇翠湖；"五园"分别是苍苔园、知乐园、汇芳园、听香苑和南苑，这是园博园内五处完整的古典园林，也是最具看点的景观；此外还有"六桥"，分别是博览桥、欢乐桥、映翠桥、南苑曲桥、听香苑桥、万馨园单柱桥。

漫步园博园，大可不必费心思去追求将这些"一二三四五六"看遍。园博园的特点之一就是地势起伏错落，路线曲折，加上植物丰富茂盛，游园过程中移步易景，常常会带给人"柳暗花明又一村"的小惊喜。

地图上的园博园形似一个略微倾斜的沙漏，园区顺理成章分成北区和南区，若时间充裕，可以花大半天的时间逛完。若想轻松游，则可以选择只漫步其中一个区域。相对来说，北园区会更有看头，国风爱好者、汉服爱好者青睐的网红"打卡"点，大多汇集在这里。

△ 粤清园

椰树林

园博园南门正对着深南大道，门前广场两侧各种了上百棵大王椰子树，人们沿深南大道无论从哪个方向走来，率先映入眼帘的就是整齐排列的大王椰子林，仿佛是迎宾的仪仗方队。大王椰是深圳常见的道路绿化树种，看见它就仿佛感受到了南国的椰风海韵，这里也是游客入园前首个拍照"打卡"点。

迎宾广场

走过卫兵一般的椰林"方队"，沿宽阔的台阶拾级而上，迎面就是迎宾广场和综合展馆，绝大多数的游客就是从这里开启自己的园林漫步之旅的。从迎宾广场向西数十米，就可以看到花卉馆，这个大型的玻璃房，采光极好，非常适合陈列各种植物。迎宾广场向北数十米就是欢乐剧场，这里常有一些文艺演出活动，而每年公园文化季的童话音乐剧尤其受小朋友们欢迎。

粤清园

从迎宾广场西行，将会遇见一系列岭南园林、院落。首先看到的粤清园是一座广式庭院建筑，园林巧借自然景观，用本土石料木料及植物精心构造，形成独特的园林风格。除了粤清园，这片景区还汇集了广东多个地市的庭院建筑作品，例如江门的"情浓五邑"、茂名的"茂名风韵"以及逸仙园、岭南重镇、客家精舍等。

茶花园

从迎宾广场北行穿过映翠桥，在百步云梯前向左一转，映入眼帘的就是茶花园，园中以小池塘为中心，配以清流、木廊架、凉亭等日式建筑，整个庭院体现了日式园林的典型风格。而园区小径旁、池塘边、坡地上，种植了不同品种的茶花，每年春节前后鲜艳绽放，与日式造景相辅相成，为游人呈现韵味浓厚的东方茶花之美。

天海广场

如果说园博园在地图上形似沙漏,天海广场就处于这个"沙漏"的"细腰"上。若时间不够宽裕,可以选择从迎宾广场直奔北园区。相对来说,北园区会更有看头。从迎宾广场北行,跨过映翠桥,迎面就是"百步云梯"。拾级而上就来到天海广场,这里地势较高,周围绿树掩映,向南望去深圳湾依稀可见。广场立着一座深圳市花簕杜鹃的卡通造型雕塑,这里常年有太极爱好者打拳健身,这一传统的健身方式更增添园博园的"国风"形象。

△ 茶花园

北园区 移步易景探寻国风古韵

福塔

漫步赏完岭南园林,一路向北可以看到厦门、青岛、宁波等一些城市选送的代表性景观,继续北行则进入公园的北园区。那些汉服爱好者们频频在网上晒图的"打卡"点大多汇集在这里。

北园区地势略高,中间是一座聚福山,园林作品大多环山而建。而山顶那座名为福塔的九层石塔,是园中最具标志性的建筑。石塔仿照宋朝风格,因此看起来像缩小了的福建泉州开元寺的东西塔。尽管山势不高,但登上塔顶,也可以远眺深圳湾。

▷ 福塔

听香苑

如果从北园区向东行,就会从聚福山北穿过一条叫"通幽"的隧道,这条很有"穿越"仪式感的隧道,通向的是一片中国古代园林聚集区。一出隧道口,就不时看到身着古装的拍照客,让人产生今夕何夕的穿越感。

首先映入眼帘的是揽翠湖,湖对岸就是听香苑了。一排徽式建筑依山而建,白墙黑瓦高低错落,建筑风格质朴而淡雅,和跟前的湖水、石桥搭配构成了一幅清丽的皖南景象,吸引那些穿古装的女子把自己点缀到风景中去。

南苑

南苑也邻近揽翠湖,和听香苑隔湖相望,互为背景。南苑白墙灰瓦,墙下种有翠竹,竹影摇曳,看上去就是一幅精致的工笔画。苑内古香古色的长廊沿湖而建,亭台楼榭错落有致,不同角度有不同韵味。因此这里也和汉服、旗袍、民国学生装很搭,能拍出"白墙黑瓦青石板,烟雨小巷油纸伞"的意境。

△ 听香苑一角

△ 揽翠湖石桥

△ 南苑

△ 雷峰塔

△ 簕杜鹃"花瀑"

水墨江南

　　水墨江南以西湖标志性建筑"雷峰塔"为视觉焦点，以曲廊画桥、素墙花窗贯通一盈山水，表现江南园林清雅悠然的意境。景点依山而建，完美写照西湖"半是湖山半是园"的意境。景点外围立着四面砖墙，刻有四首吟咏西湖的古诗，实际上起到了"屏"的作用，半露半掩，将古代园林的"含蓄"藏在诗后，既有浓郁的人文气息，又有回归自然的喜悦。

汇芳园

　　汇芳园是园博园内"岭南园林"的代表作品，主要突出潮汕特色，体现"富贵吉祥"的特点。庭院面向汇翠湖而建，风格平实，精巧秀丽。汇芳园造园理念讲究"天人合一"，主要建筑"明德居"表体采用嵌瓷、彩绘、金漆、木雕等潮汕民间传统工艺装饰，园林植物也主要采用广东本土植物。园内有株簕杜鹃老树，每年春季绽放出红白相间的"花瀑"，从墙头烂漫垂下，春意盎然。即便错过花季，走进这样藤蔓如盖、疏朗有致的院落，也会使人顿觉神清气爽。

📖 扩展阅读

园博园内的常见植物

旅人蕉

除了汇芳园的簕杜鹃"花瀑",旅人蕉是园中常常不经意中便撞见的"神奇"树种。这种树蕉叶青翠,叶柄从底部呈扇面向外舒展,形成一把巨大的绿色折扇,形状对称得无可挑剔。这种热带植物根深叶茂,叶柄基部储存大量的水分,跋涉的旅人只需在叶鞘上划个洞就可以喝到甘甜的汁水以解焦渴。

△ 旅人蕉

二乔玉兰

2月中下旬至3月初,园博园内的玉兰花林大片大片地开花,成为园中茶花展之外又一盛大花事。这片二乔玉兰种植在水墨江南园附近,料峭春风中,枝头摇曳着满树的玫粉,和江南风味的建筑相得益彰,花事中的水墨江南园此时又平添了另一种妩媚韵味。

△ 二乔玉兰

美丽异木棉

美丽异木棉是深圳随处可见的树种,尽管花季都集中在11月,但每一棵树的盛花期略有错落。园博园植物茂盛,这里的美丽异木棉往往夹杂在周边的灌木中,花开季节远远望去,绿树掩映中一团粉艳十分抢眼。树底下往往落英缤纷,最适合带着孩子,铺一张野餐垫享受秋天穿透树枝的暖阳。

△ 美丽异木棉

园博园周边景点

深圳市儿童乐园

从园博园北门沿侨香路东行数百米可到达深圳市儿童乐园,这是一个以儿童游乐为主的公益性、开放式主题公园。园内分为游乐区、水上乐园区、林地生态游乐区和自然探秘游乐区四大区域,旋转木马、碰碰车、海盗船等应有尽有,是孩子们喜欢的好地方。

印力中心

紧挨儿童乐园的是印力中心,可以坐下来喝个下午茶、喝杯咖啡、看场电影;也可以逛逛商超、精品店、书店;还可以到下沉广场滑板公园、涂鸦街区感受城市文化。在漫步之中完成城市和自然的切换,而美好生活的场景,在一帧一帧地延续。

△ 深圳市儿童乐园

△ 印力中心

福田中心区夜景

星河灯海 夜色倾城

　　荷兰哲学家海因茨·佩茨沃德说过,"美学来源于城市生活,后者是前者的土壤。"深圳的夜景,也正如它的城市气质,华丽中又彰显科技感,灯光漫舞间充满朝气蓬勃的气息。光、影、线条、建筑融合交错,让夜色充满了动感和情调。福田中心区的夜景,则是深圳夜景中浓墨重彩的一笔。从莲花山出发,一路漫行,穿梭在节日大道中,你能看到的不仅仅是琳琅车马繁华地,璀璨灯火不夜城,还有蕴藏在浓浓夜色中、这座城市用心为市民构建的归属感。

福田中心区灯光表演 让城市梦想熠熠闪光

提起福田 CBD 的夜景，就不得不说中心区的灯光表演。中心区灯光项目以中轴线、深南大道等重要视看角度为展示界面，以市民中心为核心、平安大厦为地标，利用全国首创的"大小点光源组合"技术，构建起震撼人心的建筑大联动和层次丰富的立体演示界面，是深圳的夜景名片。

当各色灯光亮起，绚丽变幻的光影与流动悦耳的音乐相互交织，中心区的高楼大厦仿佛活了起来。每逢重大节假日和重要节点，中心区还会根据不同的灯光表演主题，将不同的楼宇外立面灯光相互搭配，将中心区构成一幅美丽斑斓的光影画卷。改革开放 40 周年主题灯光表演、2023 兔年春节主题灯光表演等，都曾火爆全网，在深圳人的朋友圈"刷屏"。

市民中心广场是观看灯光表演的最佳位置之一，不同于其他城市灯光表演形成的平面效果，深圳中心区的场地条件优越，市民中心广场场地大，站在这里观看就是 270°环绕，形成环幕视觉效果，带来动态式、包围式、沉浸式的观赏体验，让人沉浸其中，"大鹏展翅"的活力得到充分展示；即便在没有灯光表演的夜晚，市民中心广场周边极具现代感的建筑内透夜景，也是一场视觉盛宴。

莲花山山顶观景平台也是观看中心区灯光表演的"C 位"之一。作为能俯瞰 CBD 中轴线的位置，每逢灯光表演启动，观景平台便挤满游客。从这里往下望去，山脚的市民中心广场、深圳的最高楼平安大厦与其他高度达 200 米的写字楼群，共同呈现出一种集现代化、科技感于一体的城市楼宇景观。当音乐响起，光影在鳞次栉比的高楼大厦外立面上璀璨闪耀，深圳的创新与活力也从另一方面得以展现。

夜色、明月、光影，深圳的城市美学不仅仅是车水马龙、熙熙攘攘，也是烟火霭霭，是生活角落中一点一滴的人文之美。当你漫步在城市夜空下，抬头看到这一场属于每一位深圳人、为每一位来到深圳的人而绽放的灯光表演时，也许你更能体会到深圳的魅力与光彩，也更能明白城市如何与它的市民实现"双向奔赴"的浪漫。

温馨提示

◎ 福田中心区夜景灯光亮灯安排：

每周一至周四 19 点至 22 点，开启常规景观照明。

每周五、周六（涉及法定节假日调休的除外），法定节假日（包括元旦、春节、劳动节、端午节、中秋节、国庆节、清明节除外）及前一天，开启含动画效果的夜景灯光。每日亮灯三次，每次亮灯时间约 15 分钟。冬春季（11 月至次年 3 月）亮灯时间为 19:00、20:00、21:00；夏秋季（4 月至 10 月）亮灯时间为 19:30、20:30、21:30。

每周日和清明节假期、7 月 7 日、9 月 18 日、9 月 30 日和 12 月 13 日关闭夜景灯光，呈现建筑楼宇自然内透光。

如遇重大活动，以实际安排为准。

△ 福田中心区夜景

节日大道夜景
永不落幕的欢庆舞台

能称之为"大道"的地方都不简单。作为深圳年度夜间经济十大地标之首,深圳节日大道自然更加不容小觑。深圳节日大道位于福田区福华路上,东至彩田路,西及民田路,覆盖了福田最主要的商圈、CBD 商务集群、文化场地、城市公园和各类城市特色空间。这里是国内首个以"节日文化"为核心的公共文化街区,更是深圳人夜生活的生动映照。

丰富多彩的特色活动,横贯了节日大道的四季,既包罗传统节日,又涵盖现代节日。这里就像永不闭幕的都市舞台和幻境街区,丰富了深圳夜间生活的多元业态和休闲娱乐方式。

节日大道的夜景,是福田夜景文化中的惊喜。每逢国庆、中秋、春节、元宵等节日,节日大道便装扮一新,传统与时尚在这里碰撞出火花。春节,热闹的迎春花市搭配流光溢彩的装饰让城市活力得到充分体现,地上的发光互动装置与树上灯饰彼此照映,让整条节日大道如梦如幻;元宵节,"汉服 + 花灯"的组合在节日大道上飘逸灵动,衣袂翻飞,古典的装束和花灯成为一道别具特色的靓丽风景,数千年的中华文化在高楼大厦璀璨灯光的映照下,折射出灿烂的光辉。

在热闹和安静的氛围中交替,在绚烂夜色与光影交织中为人们敞开怀抱,这就是完整的节日大道。这座城市用自己独特的仪式感,温暖着每一个生活在这座城里的人。

节日大道夜景

福田　家在园中 身在福中　075

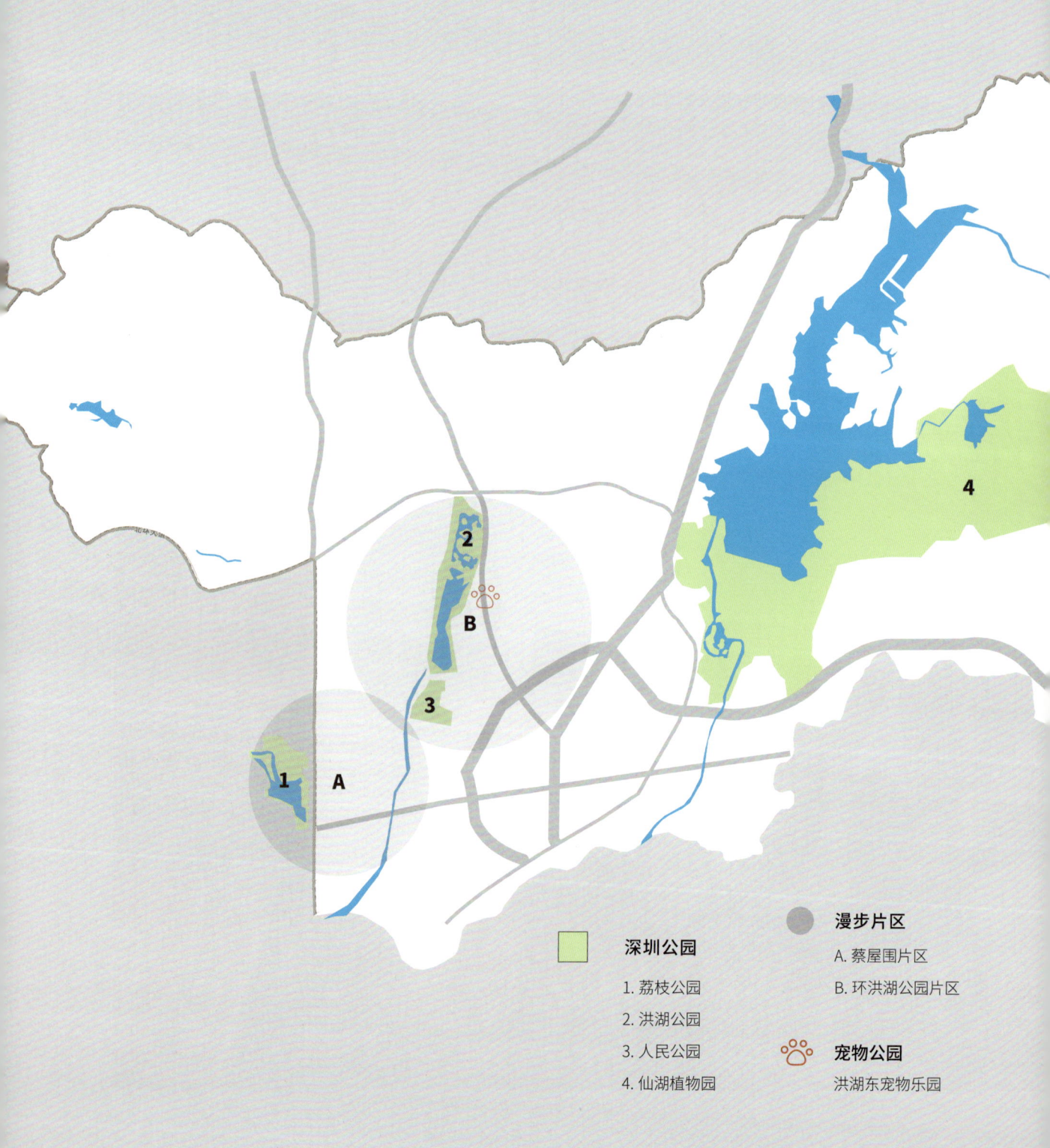

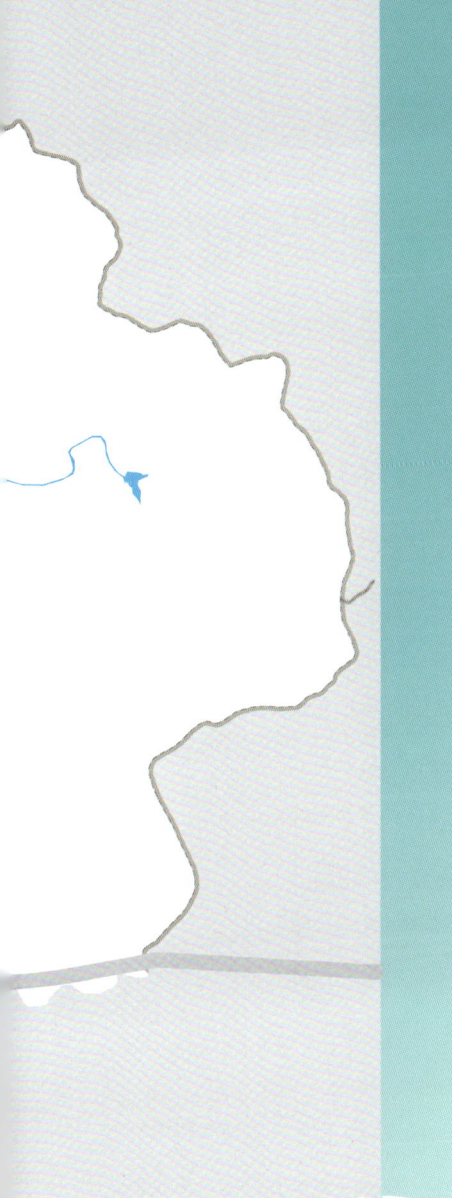

LUO HU

罗　湖

转身遇见老时光

　　万象罗湖是个有故事的城区。这里是深圳经济特区的起点，也是万千奋斗者梦开始的地方。

　　作为深圳最早的建成区，罗湖曾是最繁华的市中心，现在的它坐拥一山四湖，森林覆盖率达到 50% 以上，城市绿化覆盖率 64.6%，是名副其实的"一半山水一半城"。罗湖拥有丰富的生态资源，海拔 943.7 米高的深圳第一峰梧桐山主峰坐落在辖区东部。山水连绵，有银湖山、布心山、深圳水库、梧桐山；公园棋布，分布着洪湖公园、人民公园、翠竹公园、东湖公园、仙湖植物园，还有将近 400 条健身径遍布其中。

　　漫步罗湖，四时有景、万象蓬勃，奋斗的记忆与自然的生机一起萌动。夏的荷，秋的菊，四时不衰的月季，还有古老的东门墟、青春的万象城、时尚的水贝国际珠宝交易中心。沿着时光长廊穿梭，老歌的旋律与新时代故事交响其中。

蔡屋围
那些"城"长的岁月

一条红岭路,几乎隔开了两个区,一侧是罗湖,一侧是福田,深圳早期市中心的繁华从这里开始。周边仅有几平方千米的土地上汇聚着深圳经济、政治和文化资源,每走几步就能看见一座深圳的老地标,重温一段深圳崛起之初的传奇故事。

漫步线路以位于红岭中路的荔枝公园为起点。这座于1982年筹建的公园,与1980年成立的特区几乎同龄,见证着深圳日新月异的变化,也陪伴着几代深圳人的青葱岁月。园中红果挂枝的荔枝树、富有岭南风情的亭台画廊、波光潋滟的湖泊与可爱的黄鸭船——从早期的"拓荒牛"到如今的新深圳人或许都在匆匆的追梦路上,也或许都因眼前的风景放下了片刻忧思。

沿着深南东路直行,荔枝公园南侧深圳博物馆(古代艺术馆)悄然而现。20世纪80年代初,深圳的文化设施基础较为薄弱,于是特区政府投资兴建了"深圳八大文化设施",这些老牌的文化地标为深圳人提供了早期的精神食粮,时至今日也在焕发新活力。1988年开馆的深圳博物馆(古代艺术馆)就属于其中之一。馆前充满力量感的《闯》雕像象征着深圳的开拓形象,馆内不时更新的古文物展览引人入胜。

穿过人行步道,走过车水马龙,红岭路的另一侧是同为深圳八大文化设施之一的深圳大剧院。在摩天楼宇环绕中的大剧院好像依然是老照片中的样子,气派且沉稳地伫立在城市的热闹繁华中。在剧院遍地开花的今天,难以想象深圳大剧院在建设之时,北京、上海、广州都还尚未拥有各自的剧院。

站在深圳大剧院旁,向四周环视,高层建筑层出迭起,有创下"两天半一层楼"深圳速度的地王大厦和曾为深圳市第一高楼的京基100。它们是构成深圳城市印象的一块醒目拼图,也是深圳火热建设岁月的见证。

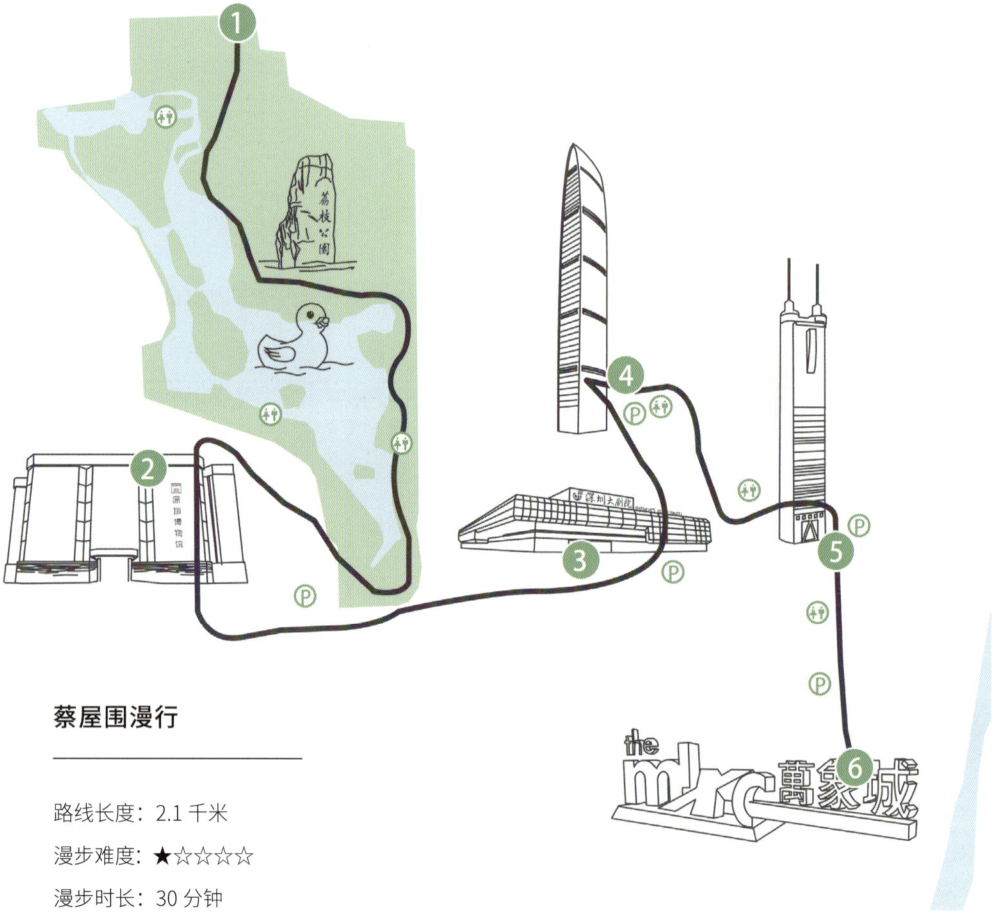

蔡屋围漫行

路线长度：2.1 千米
漫步难度：★☆☆☆☆
漫步时长：30 分钟

① 荔枝公园
② 深圳博物馆（古代艺术馆）
③ 深圳大剧院
④ 京基 100
⑤ 地王大厦
⑥ 深圳万象城

温馨提示

◎ 起点交通指引：乘坐地铁 3 号线到红岭站 A 口出，步行 200 米左右即可到达。或乘坐公交车至"深圳书城"公交站下车，步行约 400 米到达。

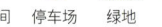
洗手间　停车场　绿地　水系

荔枝公园 城中的荔枝林

△ 荔湖与倒影

在荔枝公园、人民公园、儿童公园、洪湖公园和仙湖植物园等第一批公园建成之前，深圳仅有两座公园——中山公园与东湖公园。深圳市政府邀请了著名风景园林专家孙筱祥、孟兆祯前来深圳实地考察，为首批市级公园进行规划选址和设计，其中就包括了荔枝公园。

荔枝公园最开始还是一片原生荔枝树林和低洼稻田，经过建设后，亭台楼榭点缀其间，书香花香萦绕绵延，如今已是高密度城区中一片难得的绿色空间。四十年来，周边的楼宇不断兴起，荔枝公园依然安然地伫立在原地，为居民提供一处亲近自然、安放心灵的地方。小朋友快乐地牵着父母在黄鸭船前合照，恋人相拥在柳树枝下，一家人坐在草坪上谈天说地……

公园北大门

从北大门走进荔枝公园，公园厚朴沉静的荔枝树枝叶茂密，各种乔木、灌木层层叠叠，连片的竹林竹影婆娑，高耸的大王椰格外醒目。簕杜鹃、紫薇、美人蕉等鲜艳的花朵在绿林掩映下次第争香，在自己的花季吐露芬芳。

园中的绿林将闹市的喧嚣都隔绝在外，为游人创造了一个舒缓温柔的乐园。这里还有开阔的露天舞场，居民们其乐融融地开展各自的休闲活动；专业的智能户外健身设备也配备有详细的使用指南。

寄趣园

向左徐行，展开一场游湖之旅，人工建成的荔湖是镶嵌在城中的一块碧玉，为繁枝茂叶所拥抱。公园内的建筑基本采用岭南园林设计，古色古香、典雅端庄，水榭廊桥处的对联则蕴含着文人墨客们的诗情雅意。园内的景点名称与对联源于20世纪90年代初公园登报的征名活动。经过层层筛选，人们从2000多份稿件中精选出20多个景点的名字，并交由书法家撰写、巧匠雕琢，装点在公园各处，游客可对景色吟诗。

行至寄趣园，此园是"长青诗社"所在地，处处飘逸俊美的题匾展现了此园的文化底蕴。园内怪石装点着青翠的树木，流水潺潺蜿蜒，在美景中咏诗爱诗写诗的文学爱好者更易打开创作的思绪。寄趣园于2022年8月获得了全国首个"诗教示范单位"的殊荣，也给荔枝公园增添了书香。

"半湖红荔引蝉鸣"，旁边的"荔园诗词长廊"展示着各式的诗词作品。每过半年，长廊上的内容就会根据诗社和游客的新作调整，这项文化活动已持续开展了数十年。

荔湖涟漪

浸月桥横跨荔湖之上，因桥的倒影仿若月亮浸在水中而得名。这里也是观赏罗湖CBD的最佳地点之一，公园旁的京基100和地王大厦倒映湖中，都市风光与自然景致交织成一幅画卷。沿着湖边漫步，驻足望向湖面，湖心小岛如同一艘绿意小舟，满载着繁茂的花草树木，飞鸟也成群结伴来往。

在揽月桥上徐行，可以遥遥望到湖滨的游船码头，

△ 水上亭台

△ 游船码头黄鸭船

虽然游船已经停运，但是保留下来的黄鸭船颜色依旧鲜艳。那是不少罗湖人的童年回忆，他们划过小黄鸭船，喂过湖中的锦鲤，在快乐中长大。

如果逛了一圈公园感到饥肠辘辘，公园附近有不少深圳传统酒家，可以吃上一顿丰盛的粤菜。

△ 邓小平纪念广场

邓小平纪念广场 见证特区发展

从荔枝公园的东南角出来，就来到了红岭路和深南大道的交汇处，大幅的邓小平画像引人注目。1992年春天，邓小平同志来到了深圳视察，同年6月28日其画像便在公园旁竖立起来了。

这里是深圳的地标之一，也是纪念邓小平的"打卡地"，寄托着人们对邓小平同志的追念。不少海内外的游客来到深圳都会在画像前拍照留念，深圳市民的相簿里也少不了一张以画像为背景的老照片。

人们现在所熟悉的画像并不是最早面世的那一幅。从1992年到2004年，邓小平画像经过四个版本的修订，人像后的城市风光随着深圳的发展不断更新，从第三个版本中的罗湖风光到第四个版本中增加的深圳各个时期的地标建筑，包括国贸大厦、地王大厦、市民中心和音乐厅等等。画像的变化与深圳的繁荣也体现了画像上标语"坚持党的基本路线一百年不动摇"的正确性。

深圳博物馆（古代艺术馆）
乘着"时光胶囊"穿梭千古

沿着深南东路向前，便来到了深圳博物馆，馆前那座仿佛要破门而出的巨人雕塑名为《闯》，它那被雕刻得饱满的肌肉和坚毅的神情诉说着用不完的劲头和敢闯敢拼的决心。

馆内大堂的三部电梯采用了胶囊式外观，黑白配色、造型摩登，被许多人称为"时光胶囊"，仿佛可以载着游客穿梭于古代艺术世界。除了"问陶之旅——深圳博物馆陶瓷展""吉金春秋——深圳博物馆铜器展"等常设展，博物馆还时常引进精品展览，拾取各地历史文明的吉光片羽带给深圳人。

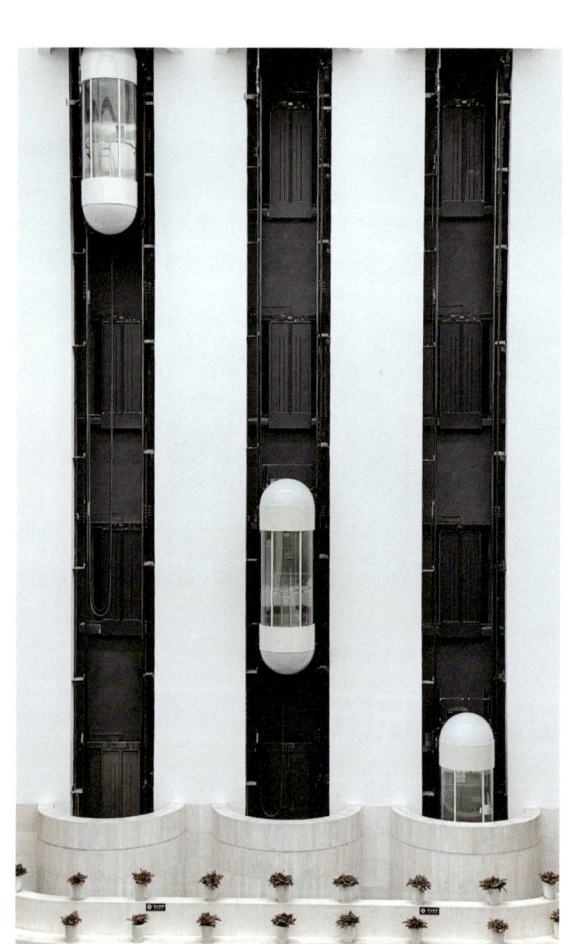

△ 馆内的网红电梯

◁ 雕塑《闯》

△ 剧院演出

深圳大剧院 深圳的文化地标

"要想知道一座城市的文明程度，看看它的剧院就可以了。"纽约大都会歌剧院第一任总监列奥波德·达姆罗什是如此描述剧院的重要性。

对于深圳来说，最早的一座剧院就位于红岭路东边。深圳大剧院的设计灵感源于水晶盒子，与周围拔地而起的高大建筑形成错落的景致。剧院于1989年投入使用，开幕之时外立面的金色的玻璃幕墙被媒体喻为"金色的精灵，深圳的骄傲"。

俄罗斯的芭蕾、山西的说唱、天津的话剧、知名科学家的讲座……深圳大剧院多年来为深圳人提供着精彩纷呈的演出以及让人受益匪浅的讲座，既有国际视野，也注重展现民族文化，承载着深圳人的文化记忆。

公园深圳

京基 100
深圳的第二高楼

在 2017 年平安国际金融中心大厦落成前，京基 100 一直是深圳第一高楼，刷新了隔街相望的地王大厦的高度记录。深圳最高建筑的变迁史侧面反映了深圳经济发展的历程。京基 100 于 2011 年建成，同年深圳举办了第 26 届世界大学生夏季运动会，并且全年的生产总值首次超过了 1.1 万亿元，进入全国内地大中城市"万亿城市俱乐部"。

从深圳大剧院出来，穿过蔡屋围一街就能抵达京基 100。大楼呈流线型，高达 441.8 米，仿佛城市中一道直通天际的银色喷泉。在多雾的天气里，大楼的高层云牵雾绕，又恍若被注入一丝仙气。京基 100 傲人的高度让游客如临云端，登上 96 层的深圳瑞吉酒店餐区，还可以俯瞰城市，而楼底的大型商场提供着时尚潮流的购物体验。

对于深圳的摄影爱好者来说，京基 100 还有一个隐藏的玩法。都说上海浦东有三件套（上海环球金融中心、金茂大厦、上海中心大厦），深圳有自己的四件套（京基 100、地王大厦、罗湖商务中心、平安金融中心）。摄影爱好者找到合适的机位，使用长焦镜头可以同时将"深圳四件套"定格在相框中：夕阳西下时，余晖将楼宇镀上了一层金光，深南大道上车流匆匆，高楼起伏。有人说这是深圳版的曼哈顿。

▷ 左侧为地王大厦，右侧为京基 100 大厦。

△ 罗湖深南大道的傍晚风光

地王大厦 深圳高楼中的"老大哥"

走出蔡屋围商圈,地王大厦就在眼前。这座老深圳人记忆中的标志性大厦,原名"信兴广场",竣工于1996年,因为拍出了土地交易所的最高价,被人们称为"地王大厦"。当时最为摩登的存在已经于2017年被列为深圳首批历史建筑,成了城市文化脉络的一部分,是数座深圳高楼中当之无愧的"老大哥"。

若是想登高眺望城市,可以搭乘电梯登上大楼的69楼,抵达384米高空。这一层是亚洲第一个高层观光区,名为"深港之窗",顾名思义,既可看深圳的万家灯火,也可望香港的郁葱湿地。除了观光,此处还设有有关深圳发展的小型展览,其中展出的邓小平同志与撒切尔夫人会晤的蜡像栩栩如生。

深圳万象城 万象汇聚之"城"

提起罗湖的商场,就会想到深圳万象城。2004年开业运营的老牌商场,已经陪伴了罗湖人许多年。即使不买东西,在其中逛一逛,也有说不清的亲切感。

作为备受人们喜爱的购物中心,万象城足以为顾客提供一站式的畅快购物体验。这里有璀璨炫目的奢侈品,也有琳琅满目的快时尚单品;这里有地道的拉面,精致的点心,香辣爽麻的烤鱼,肥美的鳗鱼……众多美食店林立,总能让美食饕客找到心仪的菜品,大呼过瘾。

洪湖公园片区

满城记忆 半城荷香

如果说罗湖是深圳的时光之门,将一切过往雕刻成复古风版画,那么洪湖公园的百亩荷花,就是罗湖人盛夏的风物诗。满池清丽明媚的荷花,醉了赏荷人,也醉了一座城。洪湖公园往南,是人民公园,它已伴随着特区人走过四十年时光,是几代深圳人成长的集体记忆;而再往南,就是东门老街了,那里可以找到罗湖更为悠远的岁月。

这条漫步线路从洪湖公园最北端出发,向南而行,一路赏湖光山色、看花开鸟鸣,然后进入"全国首个世界月季名园"人民公园,去邂逅法式的爱与浪漫。从人民公园的南门出来,沿着缓缓流淌的布吉河慢慢行走,穿过一条长长的东门老时光隧道,可以梦回"深圳古墟"的历史岁月。

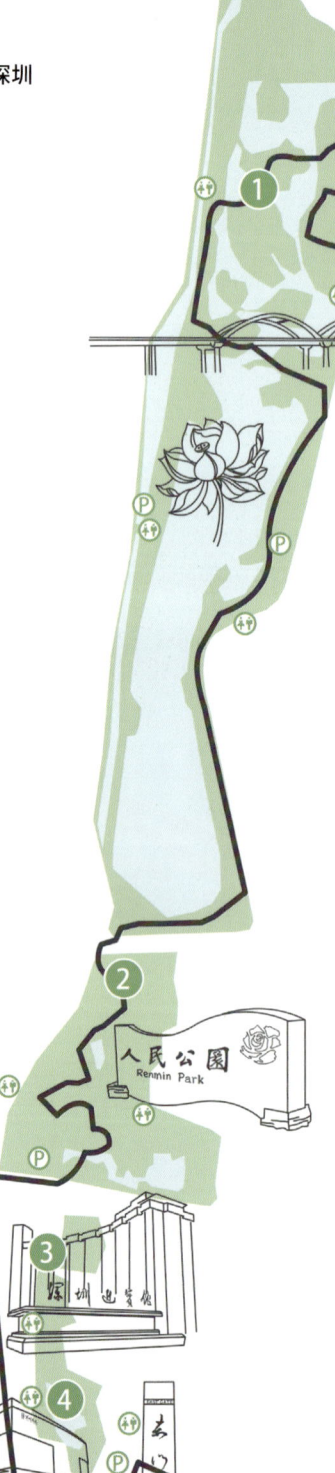

环洪湖公园片区漫行

路线长度：8 千米

漫步难度：★★★☆☆

漫步时长：110 分钟

① 洪湖公园
② 人民公园
③ 深圳迎宾馆
④ 深圳市工人文化宫
⑤ 深圳戏院
⑥ 东门步行街

 洗手间　　绿地

 停车场　　水系

温馨提示

◎ 起点交通指引：乘坐地铁 7 号线到洪湖站 D 口出，步行 500 米左右即可到达。或乘坐公交车至"笋岗桥"公交站下车，步行约 350 米到达。

△ 洪湖公园

洪湖公园 深圳夏日的风物诗

　　洪湖公园筹建于 1984 年 9 月，是以荷花与落羽杉景观为特色、以水域为主体的城市综合公园，也是深圳经济特区成立后最早建设的一批公园之一。园内造景自然，春赏雨露、夏赏荷花、秋品杉林、冬观候鸟，四时各有风韵。自 1988 年以来，洪湖公园每年 6 月都举办荷花展，1995 年承办了第九届全国荷花展览会，通过举行荷花摄影、插花、书法绘画、公益演出、荷花课堂、碗莲栽培技术比赛、寻找并蒂莲等各类活动，推动荷花和荷文化的传播，成为深圳人赏荷、咏荷的不二去处。

莲香湖

　　从公园正门进园，朝东北方向走，当你见到一架木质水车时，这里就是莲香湖入口。一条百米长的木质栈道"镶嵌"在湖面，弯弯曲曲直通荷仙岛。沿着栈道"误入"藕花深处，满眼白色、粉色、红色的荷花扑面而来，层层叠叠的荷叶撑起万千裙伞，《爱莲说》里的句子油然浮现。湖水南端是荷水文化科普基地，以广场、亭台、步道、浅滩、绿植等元素串成独特景观，这是深圳首个"荷花 + 水质净化"科普基地，通过在洪湖水质净化厂上方加盖公园，实现厂区与园区融合，登临亭台之上，"水清岸绿、鱼翔浅底"尽在眼前。

△ 荷·美空间书吧

荷·美空间书吧

在洪湖公园荷仙岛上，有座蓝白色的两层小楼，其设计以"荷"文化与"和"文化为建设理念，总面积约700平方米，分为荷合书院、清荷讲堂、自然课室和洪湖展厅四大功能区域，是一个集阅读、展览、休闲、科普教育、文化活动等服务于一体的公共文化空间。透过落地窗，满塘荷花映入室内，伴花而坐，读书便成了一件最浪漫的事。

"荷合书院"现有藏书超万册，是由洪湖公园与深圳少年儿童图书馆联合打造的公园里的公共图书馆，可提供图书阅览、借还和24小时自助借书服务，并可与少儿图书馆总馆和其他分馆实现通借通还。

温馨提示

◎ 荷·美空间书吧的开放时间为周二到周日10:00-18:00，周一闭馆（法定节假日开馆时间另行通知）。

◁ 满塘荷花

静逸湖

静逸湖上,荷花、睡莲、王莲及多种水生花卉争奇斗艳,清风徐来,花影摇曳,宛如人间仙境。湖边还有一座莲花状建筑,静坐石凳小憩,近距离看大片荷花在湖水中静谧绽放,真是心旷神怡。

洪湖

盛夏时分,百亩荷塘,荷花怒放,湖水中的芙蓉亭、流霞亭、晨曦亭在花海中古韵满满。站在凉亭上凭栏远眺,一池接天莲叶,满湖映日荷花,如诗如画。沿着步道蜿蜒前行,暗香浮动的暖风里,蝉鸣声时起时停,心中的诗意油然而生。洪湖上,一座彩虹桥横跨而过,火红的弯拱高高耸立。彩虹桥的梁体设计属国内首创,桥身的线条、色彩是城市建筑中的精品。

落羽杉风景区

北方有红叶,南方有落羽杉。洪湖公园南半区的湖畔落羽杉林,是华南地区种植规模最大的落羽杉群落。落羽杉枝叶飘逸,随着季节交替变幻色彩,春夏为翠绿色,秋冬温度越低叶子愈红,渐次递变为棕红色、红褐色。临湖的水禽岛是鸟儿的天堂,一棵参天古榕树独立水中,岸边树木茂密,不时掠过成群白鹭。湖中的伏龙桥是洪湖公园内看落羽杉林的最佳观赏地之一。

▷ 落羽杉林

人民公园 月月天天 四季花好时光

人民公园始建于 1983 年,是全深圳年龄最大的公园之一。全园分为月季园景区、运动康乐区、游览休闲区、苗圃区,园内植物、山景、拱桥、湖水、亭榭相映成趣,各种匠心小品散落其间,又结合了城市街区特色,兼具自然风光与人文风情。

自 1999 年以来,人民公园几乎每年都会在春节期间举办月季花展,由于展期往往跨越整个农历新年,来此赏花过节渐渐成了深圳人欢度春节必不可少的一大盛事。截至 2022 年,月季花展已成功举办了 23 届。此外,人民公园会在五一劳动节举办月季品种展、国庆节举办月季插花艺术展,期间不仅可以欣赏花朵的千姿百态,还可了解月季文化的缤纷多彩——植物科普、书画诗词、摄影艺术等。如果一场漫步恰逢一场花事,不仅赏心悦目,而且受益良多。

△ 林涧小溪

林涧小溪

在月季园和玫瑰园附近有一条小溪,好似浪漫的林中秘境。顺着林涧溪流行走,绣球花开得正好,鸢尾、美人蕉、水葱等亲水植物错落有致。湖畔种植有大量的水石榕,花开时节,满树玲珑花朵,像串串铃铛。自然花境、水岸花境和树上附生植物群落,形成了水岸、地面、空中多层次的立体景观,漫步途中充满趣味。

公园围绕水系还打造了一条长约 1 千米的环湖跑道,北区还有智能健身设施与儿童游乐设施,动静场景随意切换,人在树下走,犹如画中游。

△ 月季花展

月季园

中央岛月季园是中国月季协会五大月季种植基地之一,占地约 20000 平方米,四面环湖,地势平缓开阔,四季花开不断。

月季被誉为"花中皇后",素来作为爱情、幸福、美好、和平、友谊的象征。园内常年种植月季 300 多个品种,5 万多株,培育的树状月季和月季盆景,在昆明世界园艺博览会和全国月季花展览会上屡获金奖。每年的 12 月初至次年 2 月末,人民公园的月季花盛开,空气中弥漫着沁人心脾的花香,每一步每一景都有月季花的芳姿,一入园中,便流连忘返。

玫瑰宫

建筑造型如悉尼歌剧院,每年定期举办月季花插花艺术展,展出知名花艺师的插花作品 20 余件,结合室外月季自然花境,营造出浪漫、温馨的游园氛围。玫瑰宫旁边的玫瑰长廊,花儿绽放在浓密的绿藤中,艳丽夺目。戒指雕塑是情侣打卡地,上面还刻着婚礼誓言,还有维纳斯和大卫人体雕塑,让公园充满着艺术气息。漫步花海长廊、玫瑰广场、时光花谷广场、月季花带,绿意做东,彤橘金紫蓝白间杂其中,林湖交映,心旷神怡。

月季书吧

在书香之城,走到哪里都可能邂逅一座独具巧思的书吧。月季花岛旁边的"月季书吧"是临湖而建的一座水上图书馆,是文艺青年最喜欢的花卉主题公共阅读空间。白墙加上原木色的书架桌椅,简单而雅致。书吧藏书 2000 余册,除了自然、社科和儿童读物,这里还会收藏各种关于月季的书籍。书吧一侧的落地窗外,是阳光下的湖光树影,读书或者闲坐,都是一段好时光。

△ 月季书吧

温馨提示

◎ 月季书吧开放时间为每周二到周日 9:00—11:30,14:00—20:00(当场内人数达到上限时,将实行暂缓进入)。

△ 东门老街街景

东门老街 旧时光的纪念册

根据清康熙靳文谟《新安县志》,"深圳墟"是对深圳这个地名最早的记载。所以,江湖上流传这样一句话:没有去过东门老街,不算来过"深圳"。东门老街的历史,可追溯至明代中期,今天的罗湖一带陆续出现许多村落,如赤勘村(今蔡屋围)、罗湖村、隔塘村(今水贝村)、湖贝村、向西村、黄贝岭村和南塘村等,移民至此的客家人选择这里落地生根,建起初具规模的集市;晚明开始,东门老街一直是方圆数十里最具人气的商业墟市。

东门老街,而今称作"东门商业步行街区",是深圳最早的商业中心,长期引领着深圳人的消费潮流。透过鳞次栉比的店铺,熙熙攘攘的客流,琳琅满目的商品以及曲折幽深的小巷,随处可见带着时光印痕的古树、民居、庙宇、书院、祠堂、古钟、石板路、女儿墙、老炮楼,以及经受了百年风尘的青砖土瓦。在这里,繁华都市与市井烟火交融,现代气息与历史记忆相映,在灯火闪耀的现代建筑楼群中,在此起彼伏的商贩叫卖声里,浓浓的日常烟火和鲜亮的时尚风潮,接续温暖着新一代深圳人的逐梦脚步。

行至美食步行街,迎面都是食肆酒楼,铁板鱿鱼、烤羊肉串、烤生蚝、蒸粉丝扇贝、臭豆腐、酸辣粉、猪脚饭、冰粉、奶茶,各色小吃应有尽有。这里是吃货的天堂,价格亲民,如果有足够的胃口,你可以吃遍全国各地的风味,总有一种勾起你的乡思。

走在东门街道上,会遇见杆秤雕塑。这尊东门标志性雕塑,由深圳雕塑院夏和兴创作,刻度266市斤,用铜浇筑的旧式杆秤和秤砣,代表了东门300年繁华的商业历史。铜秤重约3.5吨,高约10米,秤砣四面分别刻有16两新老杆秤的换算口诀表、中英文的杆秤设计寓意等。东门老街自古以来就是商贾云集的墟市,而秤作为商业活动的标志,寓意着公平贸易才是东门墟的立身之本,也是古老商业文化的精髓。

▷ 东门老街夜晚

仙湖植物园

任奇葩嘉树占尽山色湖光

漫步仙湖,大概是最浪漫的神仙之旅了。

仙湖,因"凤凰栖于梧桐,仙女嬉于天池"之传说而得名。始建于 1983 年的仙湖植物园,倚梧桐之雄伟,借灵溪之秀丽,林木扶苏,风光旖旎,宛如世外桃源。更有奇花异草、亭台楼阁、园林景观星罗棋布,是自然与人工巧妙融合的一座植物王国。

植物园分为仙湖湖区、天上人间景区、化石森林景区、沙漠植物区、松柏杜鹃景区和弘法寺庙区六大景区,建有苏铁种质资源保护中心、阴生植物区、沙漠植物区、药用植物区、裸子植物区等 22 个植物专类园。

漫步仙湖,一步一景、四时不同,仿若踏上一场奇幻的丛林之旅,在流水潺潺,鸟啼虫鸣中感受"山有灵而万物生,水有气而澈见底,人有心而近自然"的意境。

仙湖植物园漫行　　路线长度：9.8 千米　　漫步难度：★★★☆　　漫步时长：150 分钟

① 大门
② 两宜亭
③ 天上人间
④ 阴生园
⑤ 苏铁园
⑥ 弘法寺
⑦ 蕨类中心
⑧ 邓小平手植树
⑨ 仙湖湖区
⑩ 仙人掌与多肉园
⑪ 化石森林景区
⑫ 缅栀书吧

洗手间　绿地
停车场　水系

温馨提示

◎ 起点交通指引：乘坐地铁 2 号线到仙湖路站 C3 口出，步行 750 米左右即可到达。或乘坐公交车至"仙湖植物园总站"公交站，步行约 120 米到达。

△ 仙湖植物园正门

"花海邮轮"
在转角处邂逅深圳最美停车场

位于仙湖植物园正门的6层环形立体停车场，每逢微凉的春秋时节，便会被瀑布般的粉红色簕杜鹃花覆盖，远远望去仿若一艘"花海邮轮"。沿着停车场右侧的人行道拾级而上，目之所及满是姹紫嫣红，让这场植物世界的探索之旅开场即不凡。

▷ 仙湖环形立体停车场每到簕杜鹃盛放时，就吸引了许多人来打卡拍照。

天上人间 云雾缭绕中的人间仙境

△ 天上人间景区

穿过仙湖植物园的大门，沿着苏铁路蜿蜒而上，抵达两宜亭后往东走，便到了真正的"仙境"——天上人间景区。

由木兰园、阴生园、蝶谷幽兰、月季园和桫椤湖组成的天上人间，是漫步仙湖的必去之处。偌大的草坪，犹如天然的厚厚绿毯，在蓝天的映衬下格外清新，与底下整齐的异叶南洋杉勾勒出浓郁的亚热带风情。

在天上人间总能遇到各类科普与花事。月季园围绕天池而建，周边种植上百种不同色系的月季，采用花坛、花境、花篱、门廊、花架、攀缘等手法，营造出各种景观，三尊花仙子玉立池中，万花丛中风情万种。

蝶谷幽兰背倚木兰园，与右侧的阴生园遥相对应，是一个集保育、科普、观赏为一体的兰科植物专类园。岭南盛产兰花，园中国兰、洋兰、附生、地生各色兰花四季轮番绽放，还可见到很多稀有品种，是个优雅静谧令人忘却凡尘的所在。

阴生园

走至天上人间大草坪的西侧，便来到了阴生园。这座始建于1990年的特色专类园，栽培了近千种阴生植物，既有国家二级保护植物桫椤，也有被誉为"植物大熊猫"的金花茶，还有小朋友们喜爱的食虫植物猪笼草。在这里，即使是盛夏时节也不觉得燥热，适合静静感受阴生植物的沉静之美。

△ 阴生园

△ 桫椤湖

桫椤湖

　　传说中的仙境，从不缺烟云缭绕的湖泊。在天上人间，清澈碧绿的桫椤湖"仙气"缥缈。桫椤湖因北岸种植国家保护植物桫椤而得名，南岸打造了以簕杜鹃为主题的缤纷赏花路，西南岸及南岸滨水沿线则以鸡蛋花、无忧树等热带树木为骨架，配以水生植物、四时花草。坐在湖边的公园椅上，看小木船悠悠泊岸，看鱼儿欢跃跳动，听山风吹过古老的桫椤，心中空明澄澈。

苏铁园 认识植物界的"活化石"

　　苏铁路是仙湖植物园的主园道，沿着苏铁路绕过天上人间，便到了苏铁园，这里也是国家苏铁种质资源迁地保育中心。苏铁，俗称铁树，雌雄异株，起源可追溯到大约3亿年前，曾与恐龙一起称霸地球，是地球上现存最古老的种子植物之一。这里收集保存了来自世界各地的苏铁类植物共计3科10属240余种，世界上绝大多数种类的苏铁类植物都在这里扎根。

△ 苏铁园

幽溪 山林沟谷间的绿野仙踪

　　流水淙淙，水雾缭绕，蛙叫虫鸣，宁静幽深，从桫椤湖口来到幽溪，仿佛步入了一片热带雨林。幽溪，与深圳的山水风景紧密相联，蜿蜒其中的溪水源于梧桐山，脚下的土地是上亿年前地质运动形成的花岗岩岩体。这里以苔藓和蕨类植物为主，遍植热带、亚热带代表性植物，是典型的热带沟谷景观。高大的印度榕及蒲葵树下，嫩绿的苔藓生长在岩面和树干上，很有些"返景入深林，复照青苔上"的意境。

△ 幽溪

△ 弘法寺

弘法寺 晨钟惊飞鸟 暮鼓落山花

从苏铁园出来继续向东走，不多久便闻到淡淡的檀香味，抬头间，青山叠翠中的弘法寺就映入眼帘。

弘法寺藏身于仙湖植物园中心，南依梧桐，北向仙湖。这座深圳香火最为鼎盛、规模最大的庙宇，始建于1983年，殿、堂、寮、房、楼、阁共四十余处，是中华人民共和国成立后国内兴建的首座寺院。

作为一个对公众开放了40余年的宗教活动场所，弘法寺搭建起海峡两岸暨香港、澳门佛教文化交流的友谊桥梁。伴随着香烟袅袅升起，在琅琅诵经声中，满腹的杂陈烦恼也渐渐消散。

弘法寺山门下的百果园，西与竹园相连，东至丹竹路，茂密的次生林覆盖大部分区域。园内种植了许多常见果树及观果类树木，包括荔枝、龙眼、黄皮、树菠萝、枇杷等。漫步在园中的采薇径和红荔径，看周边山色葱茏，伴着石泉溪流，听不远处的晨钟暮鼓，恬静舒适，一时无念山野间。

蕨类中心
低调的姿态
是古老的智慧

在弘法寺背后，是仙湖植物园蕨类植物保育和展示专类园，目前已收集来自全球热带、亚热带的蕨类植物1000余种，占全世界蕨类植物近10%，也是我国蕨类植物保存种类最多的地方。

蕨类植物起源于4亿年前的古生代早泥盆世，曾是与恐龙并存的植物界霸主，历经劫难，如今大多数蕨类演变成了矮小的草本。若能静下心来在他们中间走走，看看它们的"拳拳之心"，也许对生命世界会有不一样的感悟。

蕨类中心入口左侧的"知蕨馆"，设有植物拓印台、蕨类植物生态缸、植物标本画、植物艺术画等打卡点，集教育性与趣味性于一体。一条幽深的溪谷两侧建有木质栈道，穿梭其间，仿佛置身于热带雨林，清新且美好。

△ 冬日的仙湖湖区

仙湖湖区 经年山色即是四季湖光

从蕨类中心沿着溪流，往西穿过逍遥谷，便到了仙湖植物园的核心区——仙湖湖区。仙湖原是山间的低塘地，建园时借山溪于山隐之处筑坝拦水形成湖体，周边绿水青山，湖面鸟飞鱼游，景致绝佳。湖边大草坪上种植有多种棕榈科植物，颇具热带、亚热带风情。

环湖漫步，跨过远翠馆，就到了盆景园。园区以中国皇家园林为建筑风格，山水环抱、亭台错落有致，盆景点缀其中，别具雅趣。这里不定期举办"红楼梦与植物学""秋海棠展""植物学画展"等独具匠心的系列活动，植物爱好者如果遇上便不可错过。

从盆景园沿湖边径往东北方向走两分钟，就是水生园了。水生园栽培有荷花、睡莲、王莲、落羽杉、水松

△ 盆景园

等亲水植物。夏天以观荷为主，暮秋初冬时节，落羽杉叶逐渐变红，在碧水青山间涂抹出一年中最斑斓的风景。

邓小平手植树

1992 年,邓小平同志游览仙湖时亲手栽下一棵高山榕。如今树木根深叶茂、亭亭如盖,享受了改革开放丰硕成果的各地游人来仙湖都喜欢在此树下合影留念。

罗湖 转身遇见老时光　109

△ 馆内的仙人掌类植物

△ 非洲馆

△ 亚洲馆

仙人掌和多肉植物园　开在阳光下的沙漠之花

△ 象腿树

△ 金边千手兰

在水生园的东北边，是仙人掌和多肉植物园，园内美洲馆、亚洲馆、非洲馆三座玻璃温室内收藏着来自世界各地的数百种仙人掌、芦荟和多肉植物，是仙湖植物园最受游客欢迎的园区和科普教育基地之一。

△ 蓬莱宫

△ 绯花玉

△ 化石森林石碑

化石森林景区
看亿万年前森林的模样

穿过听雨亭台，便到了化石森林景区，这里是迄今世界上规模最大的迁地保存、展示硅化木的景区，收集引进了500多株形成于一亿五千万年至七千万年前的中生代时期的松杉类硅化木。在国际展区，还收集了来自马达加斯加、印度尼西亚、美国等地的200多株硅化木。漫步在怪石耸立的化石森林中，似乎穿越回了亿万年前，直观感受着悠悠时光里的"木石传说"。

景区内有中国第一家以古生物命名的博物馆——深圳古生物博物馆。博物馆依山兴建，远观如同一只巨型恐龙的骨架，入口处大理石屏风隐含着"生命"汉语拼音的字头，寓意生命演化的曲折历程。馆内收藏各类化石标本万余件，向观众展现了生命的起源以及由简单向复杂、由水生向陆生、由低等向高等演化的过程。

化石森林景区

缅栀书吧 知识跟植物一样向光生长

△ 缅栀书吧

　　松柏路上的缅栀书吧，因附近种植了数百棵缅栀花而得名。漫步到这里时，便意味着仙湖之旅接近尾声了。书吧位于仙湖植物园科研楼一楼，内藏植物学相关书籍 2 万余册，是深圳唯一的植物学专业图书馆。室内绿植遍布，温馨宁静，自然的气息与书卷的味道缭绕于心，很适合静坐其间，于书海中探索自然的奥秘。

温馨提示

◎ 门票：全价票 15 元 / 人，半票 5 元 / 人，老年人和儿童等特殊群体享受半票或免票。仙湖植物园电子门票只限在"深圳市仙湖植物园""美丽深圳"公众号购买，其他平台网络购票将无法入园。

◎ 开放时段：工作日分时段实名制预约免费入园，周末及法定节假日执行分时段实名制预约购票入园的门票政策。蕨类中心每周二、四、六、日对外开放。缅栀书吧开放时间为周二至周日 9:30-16:30（周一闭馆），不对 14 周岁以下儿童开放。

📖 扩展阅读

粤港澳大湾区深圳花展 南国的春日序曲

  2019年3月,仙湖植物园举办了首届粤港澳大湾区深圳花展,为深圳最美的春季增添了缤纷的色彩。花展期间,市民游客赏花景、学花艺、品花茶,尽情享受万紫千红、精彩纷呈的花事嘉年华。

  此后,粤港澳大湾区深圳花展和深圳森林音乐会、仙湖全国科普日活动、自然教育嘉年华、植物艺术画展等,成为深圳具有代表性的公共文化品牌。

△ 花展现场

YAN TIAN

盐 田

梧桐探山花 梅沙逐浪花

盐田区背山面海，风光秀丽，有着悠久绵长的历史。它既是庚子首义发源地，也是岭南传统文化的传承地。最为闻名的还数留存至今的中英街，它见证了深港百年沧桑，是"一国两制"的窗口与纽带。

山海盐田有着美不胜收的自然风光。北边是深圳的生态屏障梧桐山，是国家级森林公园，长约69千米的半山公园带，连通绿道、登山道，贯穿起3处瀑布景观、4个水库景观、6个公园、13个山海观景平台。南面蜿蜒着30千米的海岸线，长19.5千米的海滨栈道，西起中英街古塔公园，沿着黄金海岸线，串联起沙头角、盐田港、大梅沙、小梅沙、背仔角，被誉为世界第一长"海滨玉带"，是深圳最美的海滨栈道。

在山海之间，还有各种主题公园、购物小镇、文旅艺术小镇和元宇宙主题乐园，它们一起构成了盐田独有的"山、海、城、港"优美风光，展现着一个欣欣向荣的现代化国际化创新型滨海城区的美好生活。

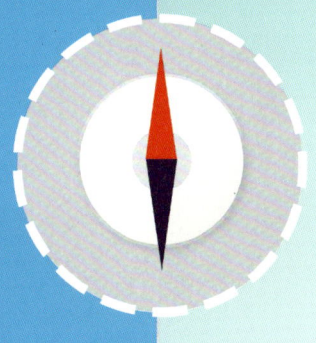

大梅沙海滨公园

面对大海许个心愿

　　山与海是盐田的主题。在盐田,有座烟墩山国际友好公园,作为鸟类的天然栖息地,这座湿地公园呈现着多样的自然生态——山林、红树、泥滩,还有各种鸟类。公园里有象征着盐田区与西班牙拉科鲁尼亚友谊的"古罗马灯塔";沿着木栈道蜿蜒而上,便看见橄榄树与无忧花环绕的明朝烟墩遗址。自然的、世界的、历史的,一段简单的漫步也会引发无边的沉思。越往东离海越近,要想全身心感受海的宽广,可以去大梅沙踏浪、游泳;也可以到国内首家"元宇宙"主题乐园——愿望塔,于"深海幻境"中感受一次深海冒险之旅。

118　公园深圳

梅沙漫行

路线长度：7 千米
漫步难度：★★★☆☆
漫步时长：约 110 分钟

① 烟墩山国际友好公园
② 盐田海鲜食街
③ 大梅沙海滨公园
④ 大梅沙奥特莱斯

洗手间　绿地
停车场　水系

温馨提示

◎ 起点交通指引：乘坐地铁 2 号线到"盐田港西"站 A1 口出，步行 80 米左右到达"盐田港西地铁站"公交站，然后乘坐公交车至"盐田海鲜街路口③"公交站，步行约 1.1 千米到达。

烟墩山国际友好公园 海岛秘境的惊喜

漫步的第一站是烟墩山公园，此处三面环海，视野开阔，林荫茂密。园内分为生态友好、和平友好和国际友好三大主题区域。往绿光森林深处走去，是一片湿地，也是鸟儿的天堂。这里山林、红树和泥滩的自然组合，保育了物种多样性。你可以透过芦苇秆制成的生态观鸟墙，零干扰赏鸟。

行至山腰，就能望见公园的标志性建筑——一座散发着古老欧洲风情的塔。在世界的另一端，西班牙的海格力斯灯塔与之遥相呼应。海格力斯灯塔位于西班牙拉科鲁尼亚城外，是世界上现存唯一仍在使用的古罗马灯塔。烟墩山公园里这座塔就是将海格力斯灯塔等比例复制建成的"友谊塔"，它见证着盐田与西班牙拉科鲁尼亚的长期友好往来。通往山顶的橘红色栈道像一条红丝带缠绕在山体上。蜿蜒而上，抬眼便可近距离观赏盐田

△ 友谊塔

港浮光跃金的景色。山顶的和平广场曾经是明朝防御外敌的烽火台，烽火台即烟墩，烟墩山也因此得名。

盐田海鲜食街
在静谧与市井的交汇处听渔舟唱晚

步入盐田海鲜食街，眼前一望无际的海水搭配湛蓝的天空，美食的香味在空气中弥漫，在奔向陆地与大海相接的地方，是瞬间邂逅浪漫又治愈的诗和远方。

身前是悠闲静谧的海滨栈道，回首是充满烟火气的市井酒家。修葺一新的海鲜食街霓虹闪烁、人声鼎沸，各个酒家门前车水马龙、热闹非凡。在这里不仅能大快朵颐渔民们新鲜打捞上岸的肥美海鲜，还能品尝到盐田便宜地道的肠粉。

盐田海鲜食街是深圳市八大食街之一，当地的村民也一直保持着出海的传统，如赶上良辰吉日，还能目睹疍家流传千年的婚俗"划旱船"。

吃饱喝足后从盐田海鲜食街出发，一路听风看海。盐梅路上设有4座观景平台，即秀峰观澜、滨海明珠、雅兰梦海和东埔渔火，可以走走停停，透过路边的相思树，瞭望大海。

△ 海鲜街

大梅沙海滨公园 在海边踏浪飞歌

大梅沙海滨公园有全深圳最长的海滩，是深圳八景之一"梅沙踏浪"所在地。作为国家5A级风景区，这里是深圳人和外来游客最喜欢去的地方之一。周边有海鲜美食，有摩托艇、动力伞等运动项目，可以把日常烦恼都丢在沙滩上。

公园内建有太阳广场和月亮花园，其中太阳广场上伫立着七个高约10米的"羽翼人"雕像。

愿望塔

太阳广场的东北角，一座81米高的建筑直冲云霄，这就是深圳著名地标愿望塔。改造后的愿望塔是国内首家"元宇宙"主题乐园，运用AR、全息投影等高科技，使园内充满了科技感和未来感。此外还设有海底时空隧道、3D探险闯关游戏、"太空舱"全息影院等"元宇宙"系列体验项目。特别是"深海幻境"，可以身临其境地感受一趟魔幻又生动的深海冒险之旅。

△ 大梅沙海滨公园

乘坐观光电梯，可以直达塔顶的许愿层和观景层，360°俯瞰大梅沙海滨公园和奥特莱斯购物小镇。都说"离天空越近，愿望越容易实现"，面对大海，写下一个心愿，将它放进玻璃许愿瓶里，等时光把它变成现实。

听海图书馆

其实，在大梅沙漫步，最好的歇脚处是邻近愿望塔的听海图书馆。360°环绕的落地玻璃窗，让你在任何角落都能看到大海和天空。心境辽远，思维开阔，阳光明媚而安静。在这里读书，易于沉浸其中。

作为盐田区10个海系智慧书房之一，听海图书馆采用人脸识别、体温自动检测、自助书籍杀菌等自助式服务，无需任何引导人员，有一张深圳通用的电子阅读证就可以直接进入。

△ 听海图书馆

奥特莱斯购物小镇 水上的购物天堂

△ 奥特莱斯购物小镇

愿望塔北面是大梅沙奥特莱斯购物小镇，欧式风情建筑亭亭立于水上，广场、廊桥、内街串联其间。小镇内还散布着几处打卡点：彩虹阶梯、三色墙、月亮椅……都是年轻人喜欢的拍照点。

奥特莱斯里云集着200余间世界名牌店，既有大众喜爱的时尚休闲运动品牌，也有风靡世界的高档奢侈品牌。这里还集聚着各种连锁餐饮店、茶饮店、快餐店、西餐咖啡厅，满足逛吃一族的需求。

📖 扩展阅读

大梅沙村 老渔村描绘的深海童话

谁说盐田只有海？还有绝美的彩虹古村。在离大梅沙海滨公园1千米的地方，有一座大梅沙村。六千年前，海洋孕育了大梅沙的新石器文明，明末清初，客家人曾在这片沙滩建立起村落，看上去朴实无华的石碑无声地指引着古遗迹的位置，曾经见证了连天烽火的烟墩如今静静躺在骆马岭次峰的中部。

历史如烟云，岁月却镌刻在大梅沙村，给这座小小的村落留下独特的气质。随着梅沙片区"万村复苏"整体环境提升项目的推进，一些老房屋以海洋元素粉刷改造，摇身变成童话里的"七彩海洋王国"，"滨海文旅艺术小镇"就此落成。

从北面低调的遗迹石刻开始向南，村口的古榕树铭记着从清初到现在的所有变化。樟树、榕树、龙眼树等，与其一同形成了一片苍郁的"风水林"。

穿过彩色巷道来到客家韵味十足的民居区，居民房低矮紧凑的排布让视野更加宽广。虽然小镇不大，但充满童趣的房屋将人们与外界隔绝开来：粉房子、蓝房子、黄房子，高低错落有致，夕阳柔和地洒在房檐，照亮了这个色彩斑斓的世界。

村内的雅拉艺术中心曾举办艺术家陈章红的中国首展，大梅沙村还曾是2017深港城市\建筑双城双年展盐田分会场所在地，多种多样的活动吸引了如云般的游客，也更多地传播了大梅沙村的魅力，这里今后还将开设星光剧场和开心麻花剧场，为小镇再添艺术气息。

△ 大梅沙村街景

穿梭在大梅沙村，不同的惊喜向人们敞开：现存最完好的盐田烟墩记录着烽火历史，被细致保存的村落和古遗迹沉淀了古村的记忆，具有先锋气质的艺廊、馆藏，还有兼具休闲与娱乐的咖啡厅，共同充实了古村的内涵与形态。独特的海滨小镇外观，精彩的艺术品，香醇的咖啡……数不清的美好，在游客的记忆中留下缤纷的一角。

盐田 梧桐探山花 梅沙逐浪花　123

◁ 大梅沙村颜色缤纷的建筑

沙头角

传说中的"日出沙头 月悬海角"

沙头角有着与深圳其他地方截然不同的生活方式,因而被称为深圳的"世外桃源"。尽管同在深圳,由于有梧桐山一山相隔,这里的生活节奏被"一键放缓"。随着地铁8号线的开通,悠然的沙头角凭借其绝色山海,吸引了越来越多的游客慕名前来。

海山公园和沙头角公园坐落于梧桐山脚下。前者是建成于2000年的"小巴塞罗那",高迪风的建筑给人以梦幻的感觉;后者则建成于2021年末,是许多人尚未发现的绿野"秘境"。沙头角公园的一侧是供游客漫步的山野,另一侧是供儿童玩耍的乐园。

提起沙头角,不得不说中英街。这条250米长的街道是"一国两制"的缩影。界碑、古榕、古井,以及警世钟、中英街历史博物馆,沧桑的印记让历史在眼前一幕幕浮现。

离中英街不远,是盐田中央公园。憨态可掬的红色大章鱼笑脸相迎,让人从历史的凝重中抽离出来,看见繁华都市可亲的一面。而公园南端则是海滨栈道的沙头角段,碧水蓝天展开一片动人海景,写意中带着抒情,著名的灯塔图书馆就屹立在栈道附近,选一本好书,以山海为伴,诗和远方就在你的身边。

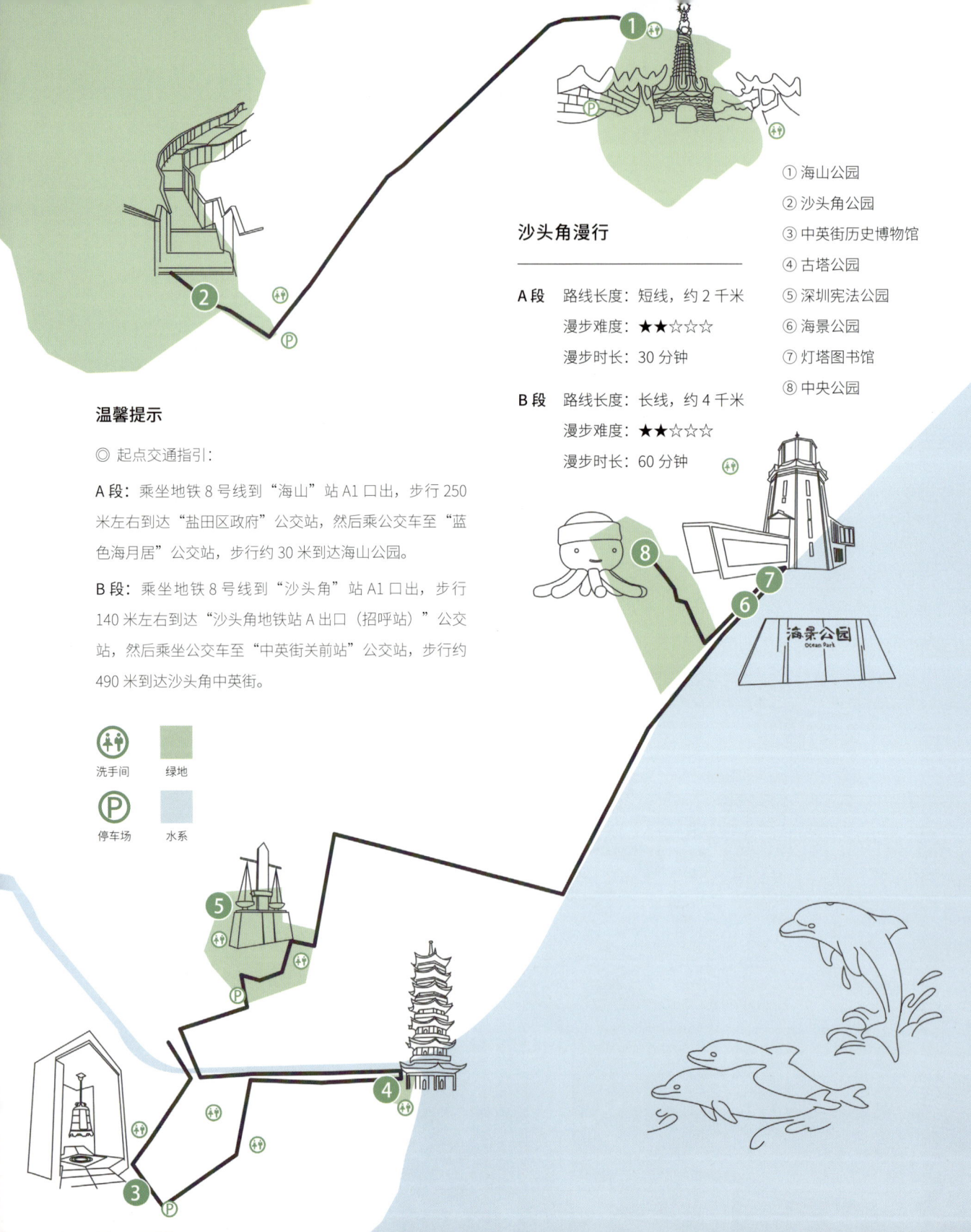

沙头角漫行

① 海山公园
② 沙头角公园
③ 中英街历史博物馆
④ 古塔公园
⑤ 深圳宪法公园
⑥ 海景公园
⑦ 灯塔图书馆
⑧ 中央公园

A段 路线长度：短线，约2千米
漫步难度：★★☆☆☆
漫步时长：30分钟

B段 路线长度：长线，约4千米
漫步难度：★★☆☆☆
漫步时长：60分钟

温馨提示

◎ 起点交通指引：

A段： 乘坐地铁8号线到"海山"站A1口出，步行250米左右到达"盐田区政府"公交站，然后乘公交车至"蓝色海月居"公交站，步行约30米到达海山公园。

B段： 乘坐地铁8号线到"沙头角"站A1口出，步行140米左右到达"沙头角地铁站A出口（招呼站）"公交站，然后乘坐公交车至"中英街关前站"公交站，步行约490米到达沙头角中英街。

洗手间　绿地
停车场　水系

△ 海山公园的艺术塔

漫步沙头角 A 段 山海之间 追寻斑驳光影

沙头角是山海相拥的地方。这条漫步线路，我们从梧桐山脚下的两座花园出发，去探索山野深处的色彩王国；又以海滨栈道为终点，一览古人所说的"日出沙头，月悬海角"；中途经过中英街和盐田中央公园，将沙头角的历史人文与自然风光尽收眼底。

我们从梧桐山脚一路向南，由山的一边，慢慢靠近海的一边，在海滨栈道触摸大海的边界。

海山公园

海山公园位于沙头角东北部，是我们漫步线路的起点。这座藏在沙头角里、有着"小巴塞罗那"美誉的公园，最亮眼的地标是一座由彩色瓷砖砌成的艺术塔。该塔借鉴西班牙设计大师高迪的风格建造，整个建筑群的面饰采用 2000 多种彩色瓷片、玻璃、金属等拼成 1000 多种花形图案。当阳光穿过山林，游走于各色的碎片上，这里就成了光影的世界、色彩的王国。

艺术塔由中心塔、枯藤攀月、爬山廊、波浪形座凳和七彩金龙等构成，极具设计感。塔尖是珍珠贝壳造型；塔身呈海螺状，点缀以一颗颗"宝石"；底部则是镂空造型，像一个原始洞穴。进入塔内更是别有洞天，一座通往塔顶的彩色螺旋楼梯，增添了梦幻色彩。沿着楼梯登上塔顶，向下俯瞰，满眼皆绿。

沙头角公园

从海山公园出来,向西走过 1.1 千米的路程,就来到了另一座"秘境花园"。

沙头角公园位于梧桐山脚下,东起盐田区人民医院旁的碧桐道,西接梧桐路 36 小区南门,公园主体由密林幽谷、童趣岭和舞动山林三部分组成。沿着橘色栈道漫步,可俯瞰熙熙攘攘的沙头角城区;向远处眺望,则是若隐若现的远山和一望无际的大海。园内还种植了许多芦苇,在阳光的照耀下反射出金色的光辉,是拍照打卡的绝佳背景。

沙头角公园不大,却具备丰富有趣的儿童玩乐设施,沙池、滑坡、吊床、滑梯、秋千、木马、多人跷跷板,甚至还有打击乐器……是孩子们的快乐天堂。

△ 沙头角公园

△ 中英街

漫步沙头角B段 从"一街两制"到"惬意滨海"

中英街的主街，是一条仅有250米长、宽不足5米的街道，却共存着两种体制，以伫立于街心的界碑石为界，中英街"一街两制"，一半是深圳，一半是香港。

步行至第四号界碑，便能看到枝繁叶茂的百年古榕。它扎根于深圳一方，枝叶却延伸向香港一方，形成耐人寻味的奇特景观。和古榕一同见证中英街沧桑巨变的，是关口附近有着三百多年历史的古井。它滋养了一街人家，留下"同走一条街，共饮一井水"的民谣。

中英街是购物者的天堂，街道两侧皆是商铺，源源不断的港货向这里输送。你能买到来自世界各地的免税产品。逛累了，便走进一家香港风味小吃店，点上一份猪扒包、一杯港式柠檬茶："坐低，饮啖茶，食个包"。葵园百货对面的联发中西餐厅、中英街博物馆对面的来记餐厅都是当地人钟爱的去处。每至饭点，店内就坐满了人，在这里，无需出深圳，便能感受到香港独一份的烟火气与闲适感。

中英街历史博物馆

沿着环城路漫步，会见到一座屹立着的"警世亭"。亭内悬挂着一只硕大的青铜钟——"警世钟"。墙壁上的文字记叙了中英街百年来的历史，抚今思昔，每年的3月18日，深港居民会在这里举行深圳市"中英街3·18警示日"活动，警醒着世人勿忘国耻不懈努力。

警世亭的后方便是中英街历史博物馆，馆内的四个展厅用各类照片、文物、雕塑、影片等重现了中英街的发展历程。

中英街还是一条非遗文化名街。鱼灯舞民俗博物馆里，"一夜鱼灯舞"的热闹场景在眼前上演。这项非物质文化遗产流传至今，已有300多年的历史。始建于清朝前中期的吴氏宗祠和天后宫就在对面，尘封于此的，是过去的人们对美好生活的向往与祈愿。

古塔公园

海滨栈道的尽头，耸立着一座高44.8米、六角七层高的仿宋式建筑，这是少有的建在海边的古塔。塔的古朴与海的轻盈相碰撞，形成一幅奇妙的景观。登高而望，一面是墨绿森林，转身便是碧海蓝天，海天之间夹着连绵的山脉，山海相融，连成氤氲的一片。

温馨提示

◎ 须通过"中英街"公众号"自助预约"方可进入中英街。
◎ 开放时间为9:00-18:00，办证时间截至17:00。

△ 中英街"警世钟"

△ 古塔

△ 宪法公园的主题雕塑宪法墙

宪法公园

从古塔公园向西,走过"步步街",向北徐行,依托于"东和公园"建成的"深圳宪法公园"就在眼前。走进正门,沿阶而下,是巨大的法治天平雕塑,量刑度法,是取舍的思考;公平正义,是法律人的梦想。

整座公园的建筑基本以石质为主。往东走,可以端详反邪教法治雕塑,中间的凉亭上篆刻着"古今说法"的文字,在休憩的时候,可以看看名家说法。

巨大的黑色墙体上刻着满满当当的宪法条文,如同一本展开的大书,矗立在公园的中心位置,构成了一个扇形的半圆台。

如果说往东走是严谨与庄严,往西走则是面迎海风的浪漫,"邂逅图书馆"一共两层,白色的主体颜色给人简洁浪漫的印象,恰如"邂逅"这样稍纵即逝又带有无限遐想的心情。

△ 灯塔图书馆

海景路带状公园

穿过居民区一路向海而行,即是海景路带状公园。凭栏望去,前面是香港,左边是繁忙的盐田港,碧水、碧山、碧云天,像一幅山水画映入眼帘,又像是一滴蓝色水彩落在画布上,然后缓缓晕染开,行人就在这画中游走。

明斯克航母曾经在此停留了十六年,是盐田的著名地标,每个老深圳人的回忆里都少不了这座气派的海上巨舰。2016 年航母驶离大鹏湾,与深圳正式告别。现在公园在原址附近设置了科普展板,向参观者介绍明斯克航母的历史足迹与当代中国航母的发展成果等内容。

海边的木质栈道上散落着看海的人,或是发呆,或是垂钓,或是吹海风。向远方望去,栈道消失在海天相接的尽头。盐田海滨栈道以海景公园为起点,向东延伸19.5 千米,串联沙头角、盐田港、大梅沙、小梅沙的黄金海岸线。要是愿意深度游览,可以用上半天时间沿着海滨栈道进行徒步。

海景路带状公园标识旁,与碧海蓝天相呼应,一幢白色的灯塔状建筑浮现在眼前,这是灯塔图书馆。书籍、灯塔、大海的意象完美结合,造就了这处书香网红打卡地。

馆内窗明几净,阳光透过落地窗照进来,蓝天、远山和大海同框。灯塔图书馆是盐田区"海书房"系列之一,藏有 4000 多册书籍,可以在此细细品读。夕阳西沉时,海边天空的湛蓝渐变成日落黄,迎来"落日熔金,暮云合璧"的景象。明月悬于海角之上,置身于此的你亦心升明月。

盐田中央公园

从灯塔图书馆出来，盐田中央公园就藏在高楼大厦之中。自 2014 年对外开放起，就成了附近居民休闲的好去处。

背靠梧桐山，面朝沙头角海，山海之间，繁花遍地，绿草如茵。在都市里生活久了，视野总是被高楼大厦遮挡，而走在这里，举头是无垠蓝天，低头是盎然绿意，非常治愈。

公园的标志是一个巨型编织卡通生物——一只头戴圆帽、憨态可掬的红色章鱼。它的里面别有洞天，是一座集艺术与童趣于一体的建筑。

水是这里的主角。亲水栈道具有非常优美的几何形态，水中睡莲绽放，金鱼游弋，氛围恬静清新。

公园附近，有壹海城 ONE MALL。建筑外观似乘风破浪的巨轮，和梧桐山、沙头角海相呼应，其开放式结构形成了真山真海的自然系购物环境。走到这里，逛逛，吃吃，喝喝，享受盐田式的闲散与惬意。

盐田港夜景

天边灯火 海上星河

　　山海港城是盐田的主题,在徒步线路中,盐田港是大海中不可忽视的一道壮丽景观。不同于沙头角的"慢",盐田港不舍昼夜地忙碌着,这个承载了整个深圳港一半吞吐量的港口,是世界第三大港口。这里岸吊林立,巨轮云集,数以万计的集装箱汇聚于此,驶向世界,昼夜不息。这里山海相拥,港城相融,可以一睹深圳"港、产、城"融合的繁荣景象。

　　码头上密密麻麻的集装箱,是最出片的绚美背景,天气好的时候,一眼望尽对岸香港大大小小的岛屿和天边涌起的白云,既是网红打卡点,又是摄影爱好者的拍照胜地。

　　要将山海港城的美景尽收眼底,位于盐田高级中学南门附近的观景平台——空翠台是最佳视角。沿半山腰,穿过绿道,视野逐渐开阔。凭栏俯瞰,盐田港像一幅色彩斑斓的油画。金色的阳光洒在码头上,将集装箱色彩的饱和度拉得更高,五彩缤纷、美不胜收。

　　如果时间充足,可以在这里看一场完美的日落。看大海与天空被晕染成一片橙红,接着就是盐田港亮起的点点灯火,以及深邃夜空的闪闪星光。

NAN SHAN

南　山

深圳湾畔的绿野仙踪

在深圳这座改革开放之城，南山一直是片热土，有"深港历史文化之根"的南头古城，还有炸响改革开放"第一炮"的蛇口码头；有国家级自然保护区内伶仃岛，还有用科技塑造的腾讯全球总部"企鹅岛"。这里连续多年位列全国创新百强区榜单之首，同时还是中国最具幸福感的创业者家园。

从蜿蜒43.7千米长的海岸线向北，一路河湖交错，山海相衔。尤其是那条绵延16千米的深圳湾滨海休闲带，红树摇风，候鸟逐浪，云霞织锦，花开不断；近旁则是总部大厦林立，名企星光闪耀，完美写照了深圳人山海融城的浪漫生活。

从深圳湾沿大沙河到塘朗山，是一条生境丰富、物种多样的生态廊道。再往北还有西丽湖，往南则有大小南山，左右散布着121个公园和华侨城等一众名闻遐迩的5A级景区。车水马龙深处，还珍藏着中国唯一一个地处城市腹地、面积最小的国家级湿地公园——华侨城湿地公园。在南山，八小时以外的生活几乎跟在这里创业一样精彩。

深圳湾公园 A 区
海与城的诗意交响

很少有一座城像深圳一样，一边红尘滚滚车水马龙，一边天高海阔鱼跃鸟翔。作为深圳西部最大的海滨公园，深圳湾公园包含了深圳湾沿岸的湿地、草坪与树林，不仅为市民们提供了近在咫尺的滨海自然空间，还为候鸟和其他野生动植物创造了丰富的栖息地。

经过多年的分段建设，如今深圳湾公园拥有 16 千米的滨海休闲带，东起红树林海滨生态公园，南至深圳湾跨海大桥，最远抵达蛇口，一路串联起 22 个主题公园，风光各异。

深圳湾公园 A 区与滨海大道平行，是领略海滨风光与观察候鸟的好地方。公园 B 区与 C 区毗邻后海中心区和深圳湾口岸，可以一览城市天际线与繁华的商业片区。滨海休闲带西段深入蛇口腹地，与海上世界无缝相连，有着老城区悠闲惬意的生活情调。如果你走完全程，就可以细细品味出深圳这座城市的不同切面。

园内还铺设有良好的步道、骑行道和海滨栈道，路面起伏不大，并且线路连贯，非常适合户外运动。人们可以一边散步或跑步，一边欣赏开阔的海景，在椰风林影中畅享运动的快乐。

这次推荐的线路贯穿深圳湾公园 A 区，从红树林海滨生态公园到小沙山，全程大约 4~5 千米，花费时间 1 个小时左右。在这里可以静心感受海浪与风的呼吸，与南迁候鸟进行一场一年一度的邂逅。

深圳湾公园 A 区漫行

路线长度：约 7.5 千米　　漫步难度：★★☆☆☆　　漫步时长：100 分钟

① 中湾阅海广场
② 红树林海滨生态公园
③ 欢乐海岸
④ 海韵园
⑤ 白鹭坡
⑥ 北湾鹭港
⑦ 小沙山

洗手间　停车场　绿地　水系

温馨提示

◎ 起点交通指引：乘坐地铁 9 号线到深圳湾公园站 A 口出，步行 290 米左右即可到达。或乘坐公交车至"深圳湾公园地铁站①"公交站，步行约 500 米到达。

△ 深圳湾候鸟季

中湾阅海广场 让海落入眼里

深圳有不少网红地铁站，其中9号线的"深圳湾公园站"，是全国唯一"出站见海"的地铁站。

搭上出站的扶手梯往上升，随着视野的逐渐开阔，深圳湾的大海在眼前缓缓铺开。从D2出口出来就是深圳湾公园的中湾阅海广场，这里是整个深圳湾的中心位置，向福田方向望去是绵延9千米的红树林，而南山方向则是影影绰绰的城市轮廓线，对岸是香港元朗的朦胧山色，把它作为漫步深圳湾公园的第一站非常适合。

一年中，冬天是深圳湾公园最热闹的时候，不仅有成群结队的迁徙候鸟来此过冬，还有许多热爱观鸟的游人纷至沓来。在16千米的滨海休闲带上，中湾阅海广场是人们最熟知的观鸟地点之一，另外两处是红树林海滨生态公园南和大沙河入海口处的浅滩。

在深圳湾公园被观察记录到的190余种鸟类中，黑脸琵鹭（国家一级保护野生动物）当属其中的明星，近年来成为深圳湾的常客。和黑脸琵鹭一起出现在深圳湾的，还有白鹭、池鹭、苍鹭和少量黑翅长脚鹬、青脚鹬等候鸟，它们在天际间翱翔，在蔚蓝的海面上嬉戏。

经过了一个冬天的成长，成熟的鲻鱼进入繁殖期。它们纷纷跃出海面，激起层层浪花，几分钟内海面就沸腾起来。"海阔凭鱼跃，天高任鸟飞"的壮观场景成为这座繁华都市迷人的风景。

红树林海滨生态公园 海上森林与观鸟胜地

面向深圳湾，从中湾阅海广场往西走，便是红树林海滨生态公园，这里也是深圳湾公园中最早被建成的一部分。20世纪90年代在建设滨海大道时，为了保护红树林和生活其中的动植物，深圳市改变了原规划，将原本穿红树林而过的滨海大道北移了200米，并改建成了如今的公园。

红树林海滨生态公园是深圳著名的观鸟胜地，紧邻内伶仃岛—福田国家级自然保护区，与香港米埔自然保护区隔水相望。园内大片红树林扎根海岸，潮湿柔软的滩涂与纵横交错的水系构建出丰富多彩的湿地世界。弹涂鱼和招潮蟹，是深圳人熟悉的滩涂精灵。

在红树林海滨生态公园，早晨是观鸟的最佳时段之一。候鸟们会从香港米埔自然保护区里醒来，飞到深圳的红树林片区觅食。随着生态环境的日益改善，这里每年都能发现稀有鸟种。

欢乐海岸 与海相依的乐活天堂

△ 欢乐海岸正门广场

与红树林生态公园一路之隔，是临海而建的欢乐海岸，是与深圳湾真海岸完全不同的人间烟火，美食购物休闲皆宜。

人工河道蜿蜒流淌，河上桥梁勾连出岭南水乡风情，沿河遍布各类食肆、酒吧、精品店，你可以边走边挖掘一些新开的网红店和小众商铺。深圳首家喜茶LAB旗舰店也在这里开业，除了奶茶，还有独特的茶酒、蛋糕、雪糕。此外，傍晚正门广场有音乐喷泉，晚上有缤纷灯光表演（灯光表演需要购票观看）。

海韵公园 惬意踱步轻松行走

面朝大海向东行,从海韵公园到北湾鹭港路段宽阔平整,人流较少。在惬意散步的同时,还能安静地观察到海面天空各类水鸟和公园人工绿地的林鸟。

这里的水鸟仿佛和你一样喜欢独享自己的时光,经常单独出现,羽毛洁白、身材修长的大白鹭优雅地在浅海处踱步,反嘴鹬用自己向上弯折的喙在滩涂里寻找食物。望向靠近滨海大道一侧的林地,可以捕捉到林鸟的踪影。它们大多是深圳的留鸟,体型较小,爱在树冠枝头间飞舞,有些也会在开阔草坪上跳跃。深圳湾公园的常见林鸟有黑脸噪鹛、鹊鸲等。

冬春时节,行走在步道上可以观赏到开得正盛的火焰木。火红的花朵硕大饱满,密密匝匝地长在茂密的树冠顶部,在乍暖还寒的天气里带来似火的热情。

公园还在沿途设有多个智能型服务驿站,为游客和市民提供饮水、避雨休憩等服务。所以不必担心随兴而至时没有携带饮水的尴尬。

白鹭坡书吧 阅见飞鸟与大海

在书香之城深圳,很多公园里建有高颜值书吧,海韵公园不远处的白鹭坡上,就坐落着一间玻璃书房——白鹭坡书吧。

书吧掩映在一片稀疏的树林后,门前花丛中装点着白鹭雕塑,面朝大海。面积大约175平方米,三面设有落地玻璃窗,空间通透明亮。透过窗户,读者抬头便能看到阳光、大海与椰林,如果正值黄昏时分,便能眺望深圳湾在夕阳余晖中融成了一片"橘子海"。

书吧中还为游客提供各式咖啡饮料以及甜品,不管是坐在户外阅读区就着海风与草木香气吃甜品,还是坐在室内一边安静读书一边喝咖啡,都十分惬意。

书吧内还设有母婴室,供哺乳期妈妈使用。

△ 白鹭坡书吧

北湾鹭港 跑步者的胜地

△ 深圳湾清晨的跑步者

继续向东走，就来到了北湾鹭港，这里是公园 A 区的主要入口和休闲区域，有两个深入海面的观海栈桥和临海的阶梯座位，方便人们亲水观海。

不仅如此，北湾鹭港还是全国首条滨海 5G 智慧半马跑道的起终点，吸引了众多跑步爱好者打卡体验。跑道全长 10.5 千米，沿途设置了红树林、海韵公园、北湾鹭港、弯月山谷、火炬广场和海风运动广场等 6 个打卡点位，跑友们可以根据自己的体能情况选择 5 千米和 10 千米进行训练。对于追求专业水准的跑友，还可以通过一次次的完赛记录，调整自己的训练节奏和模式。

小沙山 大沙河的入海口

小沙山是本条路线的最后一站，也是深圳湾公园 A 段和 B 段的过渡区。南山区的母亲河——大沙河从北到南至此汇入深圳湾。

小沙山不如其他主题公园人流如织，适合避开人潮独享清净。这里也是深圳湾公园的宝藏观鸟点，潮水退去，滩涂露出时，就能看见各种鸟类活跃在海天之间。

如果这段路程不能满足你的运动量，建议沿河北上，行走大沙河生态长廊，欣赏深圳版塞纳河的河道风光，也可以顺着海岸线南下，继续走完深圳湾公园。

📖 **扩展阅读**

深圳湾几种常见鸟类

△ 鸬鹚

△ 绿翅鸭

△ 黑翅长脚鹬

△ 黑脸琵鹭

深圳湾公园 B·C 区

繁华之畔 天蓝蓝海蓝蓝

南山区云集着上百家上市公司，是中国著名的创新创业热土。林立的高楼大厦与步履匆匆的上班族是这里最常见的街景。然而在这样繁忙的大都会里，却隐藏着一处一处的绿色秘境，足以让你在悠悠漫步中体味一段快时代中的慢时光。

深圳湾公园，与海连接、与城相融，是深圳最有人气的滨海长廊。从深圳湾公园的 C 区最南端——海风运动公园出发，向北而行，一路听海、赏花、观鸟，直至走进斑斓的夜色，凭栏看一场星海灯光秀。深圳就是这样，总有别样魅力一闪而现，像美人眼角的妩媚风情。

行走至大运会火炬塔纪念广场，从公园出来，抬头便能看见深圳湾体育中心，因那网一样的白色钢结构造型，它又被称为"春茧"。2011 年第 26 届世界大学生夏季运动会——那个欢腾的开幕之夜就是在这里上演的。而此时，这里已成了深圳市民日常健身的公共运动场馆。

与"春茧"遥相呼应的是"春笋"，作为华润总部大厦，这座外形酷酷的现代建筑在人才公园的绿地旁拔地而起，俯瞰后海片区的繁华风貌。它与周边的高层建筑、人才公园一同构筑了一个华丽璀璨的深圳湾，无人机编队表演、时尚灯光秀、烟花大会轮番在这里上演，呈现着一场场精彩纷呈的盛世景象。

如果走累了想歇歇脚，"春笋"楼下的深圳湾万象天地便是一处休闲小憩的胜地。除了美食和购物，这里还有高品位的文化、时尚、艺术展览，让你深深感受到深圳的先锋商业气息。

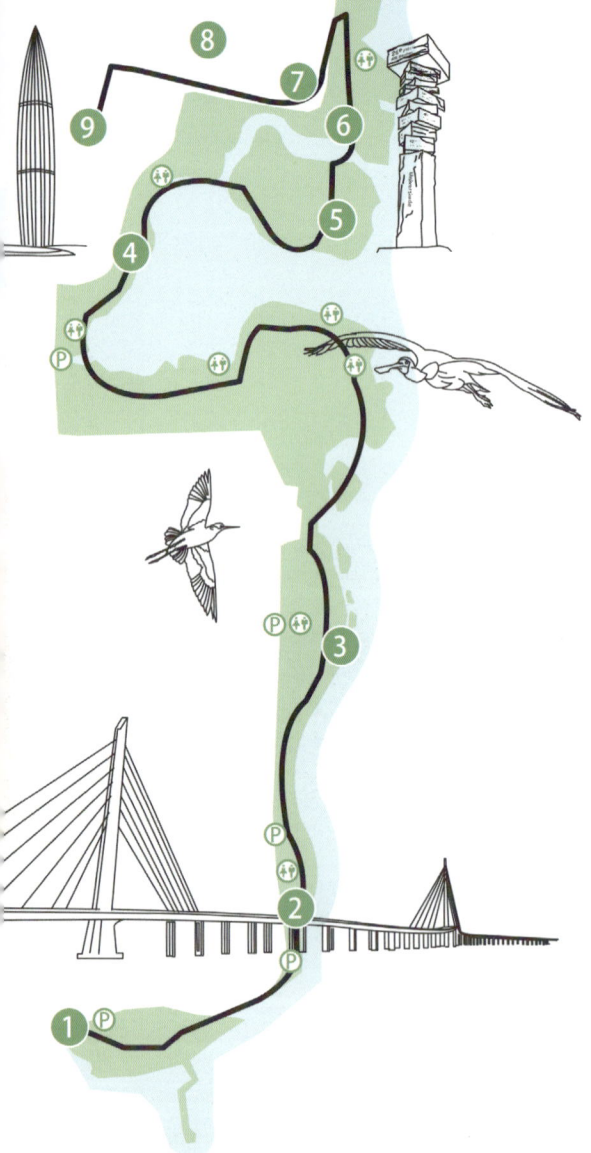

深圳湾公园 B·C 区漫行

路线长度：约 8.5 千米

漫步难度：★★☆☆☆

漫步时长：120 分钟

① 海风运动广场

② 观桥公园

③ 日出剧场

④ 深圳人才公园

⑤ 流花山公园

⑥ 大运火炬塔

⑦ 深圳湾观鸟点 B

⑧ 深圳湾体育中心

⑨ 中国华润大厦·深圳湾万象城

温馨提示

◎ 起点交通指引：乘坐地铁 2 号线到湾厦站 A 口出，步行 1.4 千米左右即可到达。或乘坐公交车至"运动广场"公交站，步行约 150 米到达。

洗手间

绿地

停车场

水系

南山　深圳湾畔的绿野仙踪　149

△　深圳湾大桥

深圳湾公园 C 区 繁华中，转身看见海

深圳湾公园——城市与自然奇妙融合共生的滨海公园，犹如一条绿丝带蜿蜒盘旋在深圳湾畔。公园形状如同一个直角，以大沙河的入海口为界，分为以生态公园为主的东西段和以滨海休闲带为主的南北段。

这条漫步线路，我们选择了深圳湾公园的南北段，以及周边的都市商业综合体集群，连缀成一条时长约 3 小时的路线，便于游人一路领略后海片区现代商业与自然生态交错融合的曼妙风光。

海风运动公园

海风运动公园位于深圳湾公园 C 区的最南端，也是这次漫步的起点。滨海风情与运动元素搭配在一起，碰撞出夏日的清爽与活力。园区的运动器械可以提供轻量的健身方式，大片的滨海草坪更是为露营、野餐等活动留出了天然场所。露营爱好者们将诗与远方搬进了海边的帐篷，拉开帘子即是蓝天、大海与浪漫。

观桥公园

深圳湾上横跨着一条银色的"巨龙",连接深圳和香港两地,这就是深圳湾大桥。凭借其简洁现代的造型,构成了深圳湾一道靓丽的风景。

走在观桥公园,能近距离观赏深圳湾大桥。在视频和照片中常见它大气磅礴的身姿,在近处则可以窥见其另外一面:桥柱整齐地向海的另一端延伸。这种有节奏的建筑之美,配上"哗哗"的海浪声,能抚平你心底的繁杂思绪。

日出剧场

与一座城市的故事,或许始于一次观赏城市的日出。而日出剧场就是在深圳湾观看日出的绝佳观看点。这里三面环山,迎面是深圳湾吹来的海风,环形的滨海草坪是向海边倾斜的缓坡,宛如剧场内的阶梯座椅。坐在草坪上,开阔的海景与对岸香港的风光一览无余。

△ 日出剧场

如果你下定决心早起去看日出,就需要做好功课,查询当日的日出时间与天气状况。到达日出剧场后,选择一个舒适的位置静静等待,看太阳从海平面上跃然而起,唤醒这座城市澎湃的一天。

深圳人才公园 在这里体味"深爱人才"

沿着深圳湾滨海休闲带,漫步弯山月谷的观景平台,东来的海风轻轻拂面,让人暂时忘却城市的喧嚣。这里隔着沙河西路,与南山内湖中央公园相邻,流线型的山体环抱着一个圆形山谷,形成一个自然宁静的山谷地。

如果说16千米的深圳湾滨海休闲带是一条"项链",那么在西边与弯山月谷相连的人才公园,便是项链上的一颗璀璨"吊坠"。人才公园位于科苑南路以东,沙河西路以西,东滨路以北,海德三道以南,毗邻深圳湾超级总部基地,是中国第一个以"人才"命名的主题公园。它昭示着这座城市对人才的尊崇与呼唤。

在人才公园,可面朝大海徜徉湾区美景,也可驻足园区沉浸鸟语花香。公园的水域面积宽阔,和花草树木以及远处的深圳湾建筑群交相辉映,宛如一幅美丽的生态画卷。

园内,与人才主题有关的展示内容与自然景观结合,处处美景如画,又富有人文底蕴。此外,各种匠心景观

△ π 桥

向周边延伸，结合城市街区特色，营造出公园与城市交相辉映、人才与城市共同繁荣的文化氛围。

花海森林：栽种有风铃木、鸡翅木等名贵树种，四季鲜花争奇斗艳。初春时分，置身成片的黄花风铃木中，犹如油画在眼前铺开。

风帆塔：人才公园曾经是世界 F1 摩托艇大赛的举办地，而园内的风帆塔便是赛事的重要标识，楼梯优雅地螺旋而上，极具美感，也代表人才在深圳梦工场扬帆起航。

孔雀亭：由两个白色孔雀造型的装置搭建而成，象征深圳的"孔雀计划"，深爱人才，圳等你来。

求贤阁人才书吧：属于深圳"图书馆之城"统一服务网点，馆藏图书近 5000 册。在氤氲书香间走走停停，放慢时间的脚步，享受和自己独处的片刻闲暇。

人才星光桥：横跨整个人工湖而建，桥上矗立着许多星光柱，承载着袁庚、马化腾、陈十一、汪建、蔡明、朱世平、徐政和、邓兴旺等超过 100 位深圳杰出人物，是深圳人才的"星光大道"。一到夜晚，每根柱子都亮起点点星光，每幅肖像看上去都星光璀璨。

最美公式长廊：顶部镌刻着 1+1=2，$E=mc^2$ 等各种神奇的数学公式，当在太阳或者灯光的照射下，公式的影子会清晰地映在地面上，充满着奥妙与美丽。

静谧河谷：连通深圳湾公园，河谷两岸是艺术林和阳光剧场，可举办草地音乐会、艺术小品展等。"山光悦鸟性，潭影空人心"，静坐于此，使人流连忘返。湾区 CBD 倒映水中，与近处的候鸟柱相映成趣。

水岸岛群：专门为候鸟提供栖息地，体现了人与自然和谐相处。在碎石岛、圆木桩上，候鸟徜徉、展翅嬉戏，构成一幅美丽的湾区生态画卷。

潮汐广场：蓝天之下，一组洁白的风帆，如振翅欲飞、直冲云霄的海燕，彰显开放包容和青春活力。

深圳湾公园 B 区 与繁华为邻 与自然共舞

毗邻深圳人才公园的是深圳湾公园 B 区，从大沙河河口延伸至东滨路立交桥北侧，包含了流花山公园和追风轮滑公园两个主题公园。

这段路对于整个深圳湾公园来说，有着承前启后的作用。它是唯一能看到深圳湾公园全景的地方，往东能到欢乐海岸，往西骑行可通往蛇口海上世界，将滨海休闲带各区段紧密连接。

流花山公园

"面朝大海，春暖花开"，真是流花山公园的最佳写照。徜徉在花海中，眺望深圳湾的潮起潮落，心情如云漫天舒卷。

公园整体为弧形缓坡地，花海面积一万多平方米，根据不同的季节种植不同的花草：春天，红色的穗冠、粉色的醉蝶花、橙色的孔雀草，勾勒出五彩缤纷的春日世界；秋天，紫色的柳叶马鞭草漫山遍野地盛开，恍如置身法国的普罗旺斯。无论怎样春去秋来，这里永远芳华正茂。

大运会火炬塔纪念广场

整个深圳湾公园，最具运动气息的便是追风轮滑公园和大运会火炬塔纪念广场。

追风轮滑公园，是专供青少年乘风滑行的一片天地。连绵起伏的山体错落有致，连续的轮滑道串联所有轮滑场地，适合各种类别的圆形轮滑及滑板活动。

大运会火炬塔纪念广场，最惹眼的是一本本"书"垒起来的大运会火炬塔，每本"书"都刻有一届大运会举办的时间和地点，层层叠叠囊括了半个世纪的大运会记忆。

火炬塔高 26 米，它象征着大运会薪火相传的体育精神和深圳取得第 26 届世界大学生运动会承办权的荣光。十多年后回望，它依旧闪耀着这座城市的梦想与活力。

▷ 大运会火炬塔

南山　深圳湾畔的绿野仙踪

华润大厦
摩天大楼丛中的繁华商业

从深圳湾公园出来,沿着海德三路行走就可以走到中国华润大厦楼下。抬头仰望,只见56根钢柱自大地向天空汇聚,形成一座流线型的、子弹头状的摩天大楼。它形如一棵雨后破土的春笋,巍然屹立于深圳湾畔,所以深圳人也乐于称呼它为"春笋"。

392.5米高的中国华润大厦位于后海核心区,66层的空间汇聚了英国保诚、中金财富、创兴银行、信达澳银基金、华泰证券等多家500强企业,是目前深圳西部的第一高楼。

深圳湾万象城
人间百味 繁华万象

华润总部大楼楼下是深圳湾万象城。这座于2018年盛大开业的高品质购物中心,汇聚了大量一线重奢品牌以及多个华南"首进"门店,更有诸多重视创意体验的定制门店和潜力无限的新锐品牌。时尚、文化、艺术、审美,这里混合着一座城市的百变气质。漫步至此,于高贵鎏金或复古典雅的氛围中,开启一场时尚之旅。

若是想感受东方美学的独特魅力,那要前往"前檐YAN"主题区。位于L3的东方美学空间"前檐",在"全球最美书店"茑屋书店的设计师池贝知子的打造下,集

△ 华润大厦

△ 深圳湾万象城

合了书店、珠宝、精品等多个元素。空间按照中国传统文化中的"金木水火土"划分，装潢充满古朴韵味，在书本的环绕下，寻一个感觉舒适的角落，尽可以沉浸在阅读的世界。

　　购物中心里，必不可少的便是世界各地的美食——在纽约刚开放预订2小时订单就排到次年2月的"大董"、上海最常登上娱乐版面的餐厅"老吉士"、挑剔的广州食客都认可的炳胜品味、连续两年获得"上海米其林一星"荣誉的老乾杯、首次走出川蜀的老字号"马旺子川"、在新加坡享誉"最好吃的福建菜"的莆田家宴、火爆京都的咖啡馆%Arabica等，以及南华茶室、喜鼎、馔豚等一众卓越餐饮，形成深圳湾万象城的"最强餐饮组合"，吸引着每位游客畅享人间烟火，细品千滋百味。

华侨城片区

走向城市文艺绿洲

位于南山腹地的华侨城旅游度假区，成为深圳人城市旅行的目的地已经 30 多年了。

在 20 世纪末，当国内的主题公园还是一片空白时，锦绣中华、世界之窗、欢乐谷横空出世，沿着深南大道密集地组成一座娱乐城堡。微缩的全球景观、丰富的中华民俗风情、惊险刺激的娱乐设施，为游客开启了一日梦幻之旅，也让这片乐园成为了深圳作为旅游城市的标签之一，至今依旧常乐常新。

　　进入 21 世纪，人们不再满足于感官刺激，文化与艺术成为饥渴灵魂的追求。华侨城创意文化园应运而生。这个由旧厂房改造的公共文化空间每周轮番上演着各式展览、创意集市、独立音乐现场与文化沙龙，为城市带来文艺生活新灵感，迅速成为文艺青年的根据地。

　　而在个性化旅游体验被追捧的当下，City Walk（城市漫游）开始走红。越来越多人穿梭在大街小巷，探索城市背后的故事。华侨城又成为了深度漫游的首选地之一。这里有绿荫遮蔽的步道、时光斑驳的旧小区、重塑新生的老厂房和从容舒展的生活节奏，保留着一份难得的"不变"和基于原建筑肌理的"更新"。不管是初来乍到的游客，还是居住已久的老深圳人，漫步华侨城都是认识这座多面城市的好契机。

　　华侨城绿道，是国内首条社区自行车专用道，于 2006 年正式启用。红色的专用道在绿林荫道间延伸，串联起香山中街、O·POWER 文化艺术中心、燕晗山郊野公园、生态广场和华侨城创意文化园等多处地标，沿着绿道而行，可一览华侨城的整体风貌。

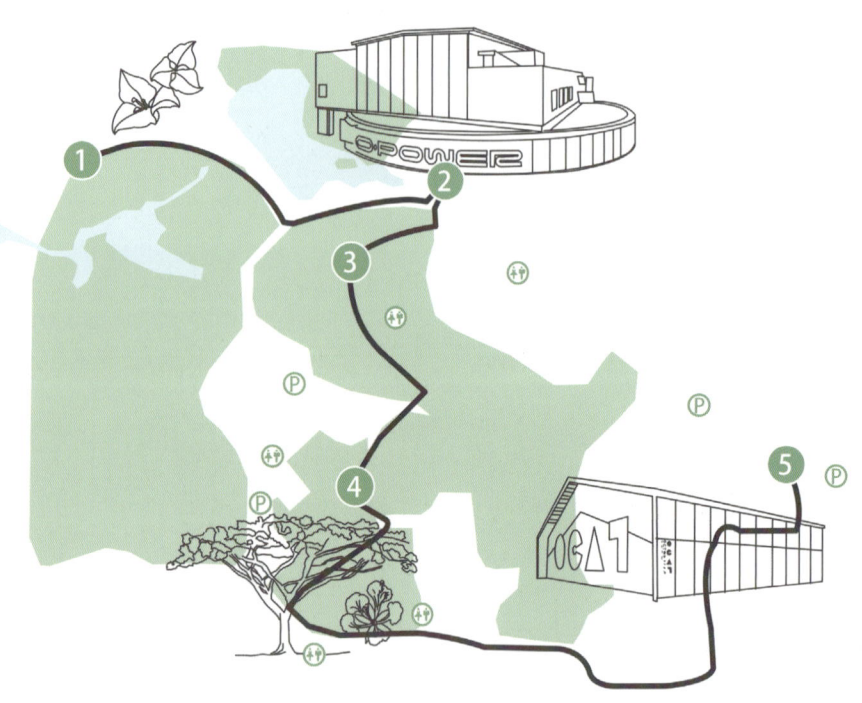

△ 春天的香山中街

华侨城片区漫行

路线长度：4 千米
漫步难度：★★☆☆☆
漫步时长：60 分钟

 洗手间   停车场   绿地   水系

① 香山中街
② O·POWER 文化艺术中心
③ 燕晗山郊野公园
④ 生态广场
⑤ 华侨城创意文化园

温馨提示

◎ 起点交通指引：乘坐地铁 2 号线到"侨城北"站 B 口出，步行 1 千米左右即可到达。或乘坐公交车至"天鹅堡东"公交站，步行约 80 米到达。

香山中街 被花海拥抱的绿道

喜欢来华侨城行走的人,常陶醉于这里独有的步调。人悠哉地在绿荫环绕的人行道上走路,身边的车速都比外面慢上几分。而这种慢是在最初的规划中就被设计好的。

1985 年,新加坡规划专家孟大强受邀制定华侨城的整体规划,选择沿自然脉络,在浅丘陵地形上建立优美宜居的生态和生活之城,并且在道路布局方面使用人车分流、丁字交叉等方式,不设置红绿灯,为华侨城留下了一个友好舒适的交通框架与慢行系统。三十多年过去了,这里依旧保留着当年的山河溪林,大片的树木环绕着建筑,绿化带比车道和人行道还宽。顺理成章,人的步子也就慵懒下来,行走其间,得以细细品味华侨城的四时风光与生活气息。

进入华侨城的第一站是香山中街,坐公交到天鹅堡东站下车即到。道路两旁草木繁盛,绿意葱茏,即使是盛夏时节,也不晒不热。

春天的香山中街是深圳最浪漫的街道之一。三四月簕杜鹃盛放,这里就成了被花海拥抱的绿道。花朵缠绕着相思树垂落而下,宛如枝丫间的嫣红云彩。在香山中街上漫步,绿木繁花一路如影随形,与偶尔来往的蓝白巴士,构成了一幅城市中心的春日图景。

再往前走有一处湖泊,又叫天鹅湖。湖面宽阔、静水幽深,有白鹭等水鸟轻点水面,掠起一湖的涟漪。

△ O·POWER 文化艺术中心

O·POWER 文化艺术中心 从老电厂到油罐乐园

顺着香山中街一路向东，抬眼望去，在满眼绿意之中，一抹"深圳蓝"格外醒目。这是 O·POWER 文化艺术中心——一座集舞台艺术、休闲商业、社区游乐于一体的复合型园区。自 2022 年 8 月一经面世，就收获了旺盛人气。

它曾经作为华中电厂燃烧了十余年，源源不断地为华侨城片区输送电力，其兴衰起落与华侨城甚至深圳的发展紧密相连。在 20 世纪 80 年代末深圳经济高速起飞，然而电力供应落后于经济发展的速度，整个城市时常面临"停三开四"的电力紧缺困境。同样正处于建设热潮中的华侨城，急需一座电厂确保片区内的生产与生活。于是华中电厂应运而生，并伴随着锦绣中华等三座主题乐园的落成不断扩建，为华侨城片区提供了 70% 的电力支撑。进入新世纪后，由于重油发电方式不适应环境保护的需要，最终在 2006 年停止使用。

而今，那些光与电的过往、那些尚有余温的机械设备在现代城市的语义中焕发了新的价值。2021 年老电厂重启新生，历经了一年的旧改从工业遗存转型为艺文空间，以 O·POWER 文化艺术中心之名再次"发光发热"。"POWER"指的是过去电厂生产的"电力"，也是指现在为艺术文化生活赋能。

整个园区分为南北两区。南区是户外休闲区，草坪上的重油储存罐和输油管道被刷上了清爽的天蓝色，并依据旧有的结构增置了秋千、滑梯、攀爬架和太空舱。这样的梦幻游乐园成为了孩子们的主场，肆意的欢闹声也随风飘荡。与乐园主体不同，游乐设施旁散落分布的老旧部件，依旧无声地存续着时代的记忆。广场中央的生产标语"团结 负责 安全 高效"见证过电厂工友们激情燃烧的岁月,如今也见证着这里重新融入深圳人的生活。新和旧的时光在同一片场域里共生,实现了人与历史的对话。

北区的前身是老电厂的发电机组厂房,现在是专业实验剧场"POWER 剧场",经常上演精彩纷呈的演出。再往后街深入,坐落着红砖房里的咖啡店、僻静处的小酒馆,适合避开人群,小酌一杯,享受清闲一刻。园区对面也有成熟的社区商场——OCT PARK 欢乐时光,人们在此可以逛逛创意潮流店,或是钻进美食店里饱餐一顿。

燕晗山郊野公园　曲径通幽的小森林

△　燕晗山郊野公园

燕晗山郊野公园位于华侨城片区的中心地带,有数个入口。若是顺着设定的线路行走,可以从香山中街和香山东街交会的北入口登高而上。

对于华侨城居民来说,燕晗山是放学嬉闹、饭后散步、晨练慢跑的最好场所。作为华侨城规划之初留存的天然山丘,它从 90 年代至今依旧保持着雕琢甚少的自然野趣。

燕晗山不高,且步道蜿蜒、坡度缓和,爬上去并不费力。山间绿树参天,草木芬芳,曲径通幽,鸟语花香。流水从山上落下,随着山势起伏,错落成瀑布、池塘和小溪。塘上有石墩,湖上有木桥,水中拱墙上缠绕着枝条,透着些古朴禅意。小溪会从燕晗山一直流进南边的生态广场,山涧清凉,水流淙淙,夏天时是小朋友溯溪撒欢的地方。

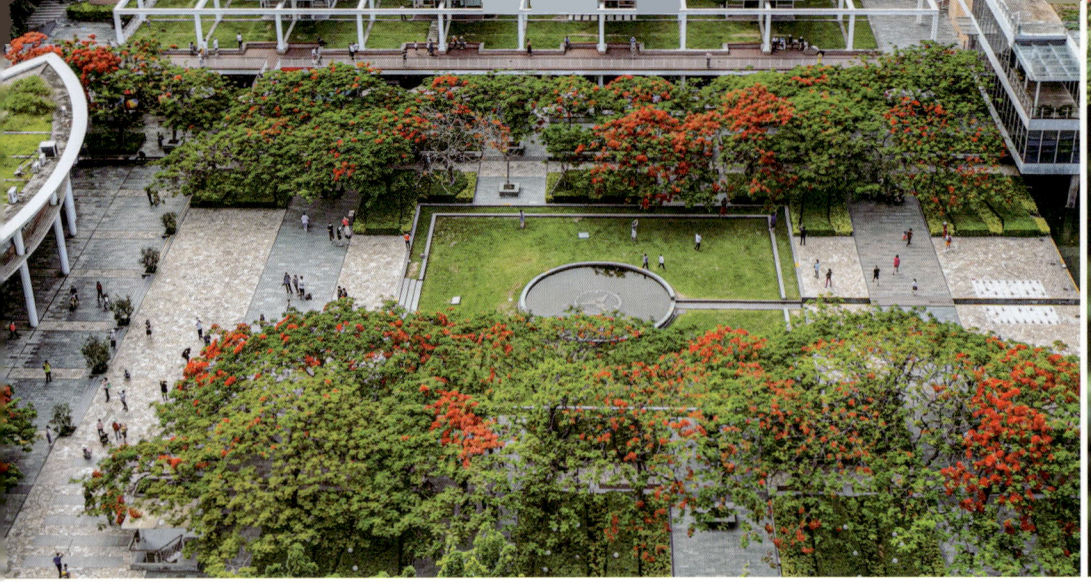

△ 生态广场的凤凰花季

生态广场 凤凰花下的日常生活

从燕晗山往南而下,途经暨南大学深圳校区,就来到了生态广场。在这里,你可以看到当地居民日常生活的一面。

生态广场位于华侨城片区的中心地带,周围环绕了欢乐谷、燕晗山、居民社区和华侨城创意园,是各个地标景点交汇的中心。在这座开放式休闲园区中,人工造物和自然景观相映成趣,质朴、粗拙,却别有生趣。敞开的大草坪迎送着往来人群,广场中央的喷泉喷洒着清凉的水雾,水池间连着石砌的渠道,自然湿地滋养着水生植物。

富有层次的景观围合出或开放、或私密的空间,不同的人群都能在这里找到舒适的位置。大爷们围坐在树下下棋,阿姨们占据广场一角跳广场舞,年轻人在草地上抱着吉他弹奏,孩子们呼朋引伴,骑着自行车一路飞驰。

每年五月迎来凤凰花花季,这是生态广场最热闹的时候。从 2000 年开始,广场上几十株凤凰花年复一年地绽放,火红热烈,如霞似锦,"凤凰花嘉年华"便成为深圳人初夏的盛事。

生态广场周边是侨城居民区,大多建造于 20 世纪 80 年代。如果你想深入体验当地人的生活,也可以继续向四周探索。比如,逛菜市场对于热爱生活的人来说是一种乐趣,生态广场对面便是华侨城综合市场。从 1993 年就为居民们供货的菜市场,经过改造多了几分华侨城的文艺气质。每个摊位上挂上了以摊主名字命名的创意新招牌,活泼有趣的创意元素遍布在市场各处。

沿侨城东街向东走,会经过华侨城小学。每逢下雨天,雨水从燕晗山上流下,汇聚成一条小型瀑布,在山脚下的小学旁哗哗作响。旁边的老小区里有着传承了两代人的照相馆,它定格了许多周边居民重要的生命时刻。拍摄出的证件照片还可以按照长辈记忆中的样式,将白边裁剪出花边,颇有几分复古味道。

△ 华侨城创意文化园的旧天堂书店

深圳华侨城创意文化园
旧建筑里的新兴文艺生活

沿着侨城东街继续走，由汕头街向北，就来到华侨城创意文化园。自2006年开园，它便开启了青年们对文化艺术的热情。文艺青年们的众多"第一次"就在这里发生，听小型音乐会、参加创意集市、逛展览……无数个"第一次"的叠加，使得这里成为了人们具有情感归属的精神场域，也敏锐地探知着深圳先锋文化与创意潮流的风向。

在过去的很多年里，华侨城创意文化园与O·POWER文化艺术中心一样，经历了深圳从工业时代向后工业时代的转型。改革开放初期的深圳以"前店后厂"的模式，承接着来自香港的制造业转移，"三来一补"（"来料加工""来件装配""来样加工"和"补偿贸易"）工厂在鹏城遍地开花。华侨城原东部工业区同样聚集着大量加工企业。随着经济结构的调整，劳动密集型工厂纷纷从城市中心向外迁移，曾经热闹一时的厂房也空置了下来，在城市更新的迭代发展中不可避免地被推倒重建。面对工业遗存开发利用的课题，华侨城探索出另一种路径——基于原有的建筑肌理改造活化。旧工厂被解构、重组，并赋予新的生命力，成为一个个前卫的设计工作室、个性十足的文创空间和颇具情调的咖啡店和酒吧。由它们组成了如今文艺气息浓厚的创意文化园。

在改造后的创意园里，复古的工业园区与现代的创意设计自然又奇妙地融合在一起。整墙的涂鸦、夸张有趣的艺术装置，柱子上一层叠一层的海报，为初来者打开想象的大门。园区内禁止机动车进入，人们可以自在地漫步，尽情感受四处弥漫的艺术氛围。

挖掘宝藏店铺是逛创意园的玩法之一，在老居民楼、在不起眼的转角总能撞见惊喜。

前海石公园片区

在梦幻海岸 与未来之城相拥

前海，从一纸规划上破土而出，以伶仃洋东侧的一片填海荒地为起点，十数年间蝶变新生为一座立体、鲜活的深港现代服务业合作区。地处珠三角核心位置的它，紧密衔接着香港、深圳与广州，与其他粤港澳城市一同建构出大湾区的蓬勃气象。

在前海，关于未来城市的愿景正在发生。200多座摩天大楼不断重构着城市天际线，腾讯、华润、招商、平安、中信、微众银行、汇丰银行等知名企业在此开疆拓土，大湾区的创业青年在高耸的写字楼里施展身手。听海大道、梦海大道、怡海大道、临海大道，依海而生的前海把对海的浪漫爱意融进了每个细节。

而繁华的城市语境下，这里并不缺自然的诗意与生活的新意。在楼的丛林里，连片的绿色在有序的城市规划下欣然生长，沿着前海湾冒出一茬又一茬的生机。行走其中，一侧是都市风情，另一侧是自然风光，忙碌的都市节奏与恬淡的闲情野趣奇妙地交叠在一起。

这条漫步路线选择在前海高密度的建筑群与开阔的生态公园之间穿行，体验前海的摩登与闲适，感受"改革开放再出发"的风起云涌。

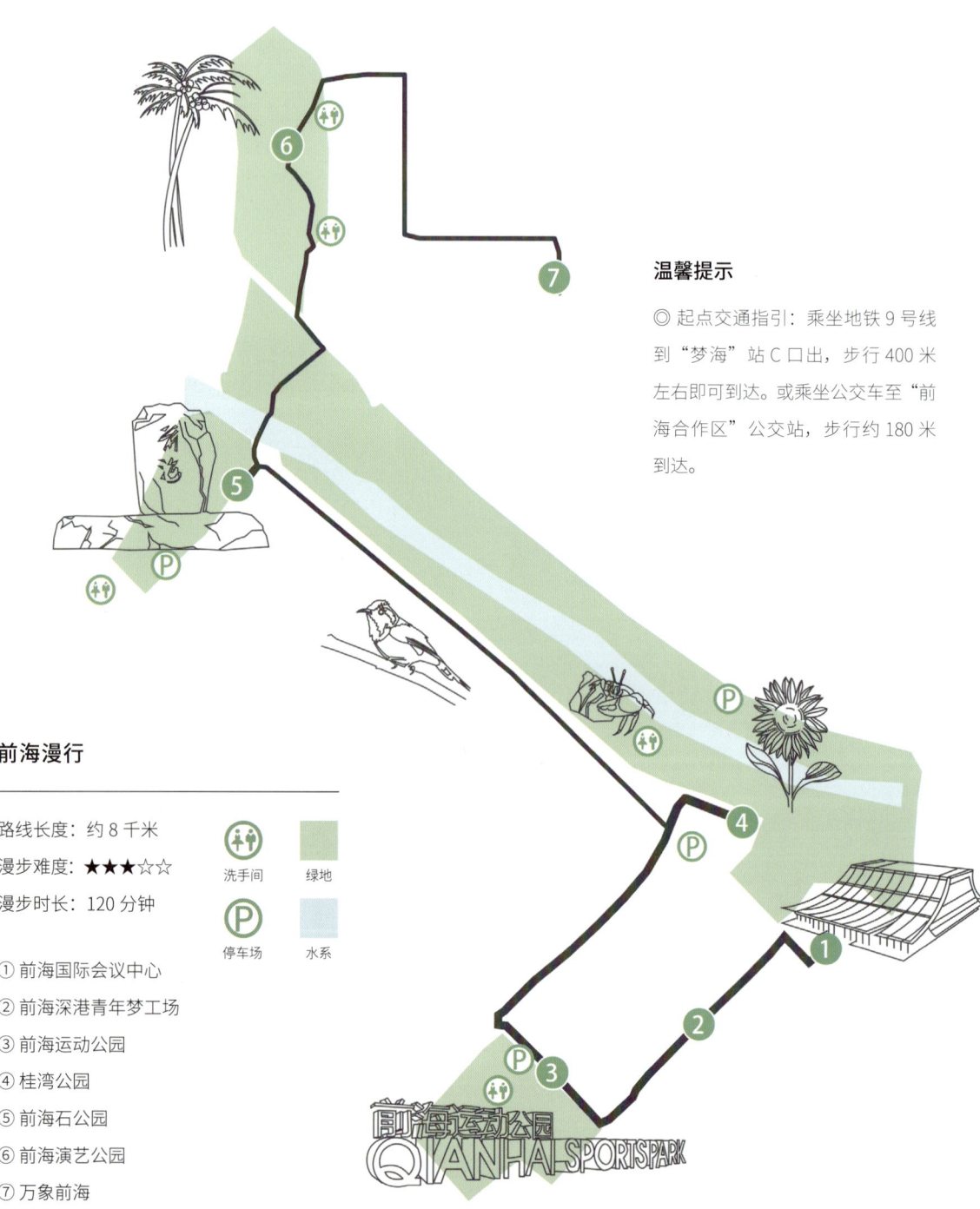

前海漫行

路线长度：约 8 千米
漫步难度：★★★☆☆
漫步时长：120 分钟

① 前海国际会议中心
② 前海深港青年梦工场
③ 前海运动公园
④ 桂湾公园
⑤ 前海石公园
⑥ 前海演艺公园
⑦ 万象前海

温馨提示

◎ 起点交通指引：乘坐地铁 9 号线到"梦海"站 C 口出，步行 400 米左右即可到达。或乘坐公交车至"前海合作区"公交站，步行约 180 米到达。

△ 中国（广东）自由贸易试验区深圳前海蛇口片区

前海正大门
新时代的红色印记

一座蓝色巨型拱门横跨在前海大道两侧，"中国（广东）自由贸易试验区前海蛇口片区"的字样铭刻其上。在这座拱门之后就是开启新时代中国梦的热土，深港"双城故事"的上演地——前海。

拱门后就是前海国际会议中心。这座具有岭南风格的典雅建筑安静地伫立在前海大道北侧，彩釉玻璃百叶制成屋顶的"薄纱"造型，让建筑既有中国传统文化的韵味又秀丽轻盈。2020年10月14日，深圳经济特区建立40周年庆祝大会就在这里举行。

中心内还设有"从先行先试到先行示范——庆祝深圳经济特区建立40周年展览"，讲述深圳经济特区四十

△ 前海深港青年梦工场

年波澜壮阔的发展历史。

前海深港青年梦工场与前海国际会议中心相距不远，由8座黑白建筑组成，从空中俯瞰，形似一个繁体的"梦"字。这里是粤港澳青年创业奋斗的基地，也是他们逐梦大湾区的起点。

△ 运动公园

前海运动公园 释放运动的活力与热情

喜欢运动的朋友,可以从前海深港青年梦工场出发,沿着梦海大道前往前海运动公园。它是前海首个体育主题公园,大约7万平方米。3个篮球场、2个网球场、1个标准足球场、1400米的环形塑胶跑道,一流的体育设施提供了多元的运动选择,让人们尽情释放活力与热情。

虽是运动公园,但公园里的景观也精致美丽。被花草拥簇的小桥、大片的粉黛乱子草,仿佛步入了宫崎骏笔下的动漫世界,充满着夏天般的清新色彩。

桂湾公园 将自然四季编织入城

白日斜长,天朗云清,桂湾河悠悠碧水,西流入海。桂湾公园依河而建,东西狭长。它与前海国际会议中心相依,是前海核心区中一座蓝绿交织的城市森林,也是前海第一座水廊道公园。整个公园呈长条形,足足2.2千米,正好适合慵懒漫步。

桂湾公园自西向东依次生长着红树林、淡水湿地植物和陆生植物。桂湾河畔,凭河而立的亲水廊桥路面间隔镂空,低头便能看见脚下波动的河水。临海处是红树林迷宫,步道在林木间错综交叉,穿行其间,有一丝小小的冒险感觉。部分廊道延伸至水域深处,可以近距离

南山 深圳湾畔的绿野仙踪

△ 桂湾公园

观鸟看海。

　　沿着河岸，有几处清澈见底的小水塘，有蝌蚪、小螃蟹，还有野鸭游弋。喜欢自然的小观察家，可以饶有兴致地蹲守许久。

　　再往东便来到听海大道桂湾河桥，山丘乐园就藏在桥下。这里是孩子们的天堂，园中的矮坡道、滑梯与爬网充满童趣。

　　3号门附近，有一片安静的落羽杉林。地处亚热带的深圳，树木大多四季常青，季节在这里转换模糊。但逢秋冬季落羽杉以一身烂漫的棕红色，营造出秋日的浪漫意味，提醒深圳人岁尾的来临。

　　来到公园的东侧，大草坪上散落着几片花田。花朵盛放，热烈而饱满，让人忍不住生出几分昂扬与希望。园中还有银叶金合欢、美人蕉、绣球花等植物，它们都应着季节的流转，等待与你邂逅。

温馨提示

◎ 园内设有自助售卖机，可提供水和饮料。

◎ 公园主入口，马路对面是红星美凯龙全球家居艺术博览中心，有麦当劳和奈雪等餐饮店可以休息、进食。

前海石公园 前海记忆的原点

△ 前海石

公园随着城市的兴起而兴建，是城市发展、时代记忆的锚点。而在前海，这个记忆的原点就是前海石公园了。

走进前海石公园，高达2.8米的黄蜡石矗立在通道尽头，形如"扬帆启航"，苍劲有力的"前海"二字镌刻其上。这便是前海石。通向巨石的道路以深、中、浅三色石砖铺装，从高处往下看，呈现以前海石为中心铺展开来的波浪状，这种视觉效果来源于设计师"一石激起千层浪"的设计理念。

2012年12月7日，习近平总书记来到深圳前海考察，在前海石旁发出了改革开放再出发的号召。2018年10月24日，在改革开放四十周年之际他再次来到前海，向世界宣示中国"改革不停顿、开放不止步"。从此前海石成了前海精神的重要载体，见证着前海白纸绘图、平地起城的风云变幻。

除了纪念性意义，前海石公园还是市民观海休闲的好地方。从前海石旁往海边走，过了滨海大草坪就是亲水步道。前海石公园滨水岸线670米，吹着海风行走非常舒适。绵延的滨海栈道旁错落着几处观海的平台，自北向南分别是观海广场、夕阳广场和滨水广场。沿着栈道行走，或是坐在滨海的大草坪上，可以一览无边广阔的海景，西侧是广深沿江高速公路横跨海面，东侧是欢乐港湾的巨型摩天轮"湾区之光"缓缓转动。

前海演艺公园 落日海岸的橘调浪漫

如果说深圳湾公园的日出剧场是看日出的绝佳场地，那前海演艺公园因其开阔的海岸线成为许多人观看海边落日的理想之地。这座美丽的滨海日落公园就位于桂湾公园的北侧，紧挨着前海金融中心。公园不大，约13.9万平方米，但胜在风情曼妙。

傍晚，前海演艺公园拥有一天中最迷人的光影与色调。伴着微凉的海风和冒着气泡的橘子汽水，坐在公园里的绿茵草坪上，最合适看一场日落。夕阳渐渐将天与海都染成了橘红色，海面水波摇曳，闪烁着粼粼微光。八、九月是深圳晚霞最多见的时节，映着半天锦云，椰林、海浪和随风浮动的狼尾草，便是最惬意的光景。

△ 从前海演艺公园遥看对岸欢乐港湾的摩天轮

温馨提示
◎ 如果想拍摄落日大片，可提前查询日落时间。
◎ 非黄昏时间前往，需要带上遮阳物品防晒。

△ 手机里的滨海落日

△ 前海湾畔

前海天际线 未来城市的轮廓

城市天际线塑造着人们对于一座城市的印象和观感。

与深圳其他CBD不同的是，因前海上空航线繁忙，限制着超高层建筑的高度，所以这里没有高耸入云的城市建筑群。但这并不妨碍前海的天际线同样拥有丰富的视觉层次与美感，赋予人们对于未来城市的美好期待。

世茂前海中心、恒裕前海金融中心、卓越前海壹号、腾讯前海大厦、华润前海中心等高楼鳞次栉比地坐落于桂湾片区的腹地。从不同角度仰望天空，有各自的趣味与风情。在桂湾公园眺望河流对岸的CBD，视野中近处是绿意悠悠的树木，远方是错落有致的楼宇，城市仿佛是在自然间生长。前海石公园和前海演艺公园与CBD仅有一路之隔，平整开阔的沿海大草坪环绕着具有现代设计感的建筑，别有风情。

万象前海 生活美学的聚集地

△ 万象前海

在深圳，一个繁华的 CBD 商务区，少不了一座商业综合体。而每一个商城的气质又因所在地域的特色而不同。

万象前海位于桂湾四路与听海大道的交叉口，处于前海桂湾商务区的中心，是华润首个以"生活美学"为主题的购物中心，距离前海演艺公园大约 1.1 千米，步行约 15 分钟。商场负一层与桂湾地铁站相连，漫步之后方便搭地铁返回。

万象前海由日本空间设计大师片山正打造，室内分为 3 个透明"盒子"，镭射风格的手扶梯在商场中央盘旋，制造前卫与活力的视觉效果。

年轻人的生活哲学是"早 c 晚 a 午 t"，早上 coffee（咖啡）醒神，下午 tea（茶饮）休闲，晚上 alcohol（酒类饮料）微醺，在城市的快节奏里用不同的饮品调节生活与工作的平衡。万象前海的室外下沉广场"微风峡谷"，汇聚着各式咖啡、茶和酒饮的店铺，覆盖年轻人全天候的消费场景。

这里还汇聚了多样的风味美食。受到热烈追捧的米其林与黑珍珠餐厅在此处并不罕见，不同菜系的地道餐馆也等待着人们来此开启一场味蕾之旅。

各种网红打卡装置和不定时举办的艺术展览、市集、音乐会，都为万象前海增加了生活美学的浓厚氛围。此外旁边还有前海卓悦 INTOWN 购物中心。除了娱乐餐饮，U 型的高层建筑也是年轻人拍照的打卡地。

中山公园·南头古城

一步千年 看不一样的人间

提起深圳，改革开放、现代化、创新科技是常见的关键词，而历史、文脉、底蕴似乎与这座朝着现代化进程突飞猛进的都市关联甚微。其实，就在这繁华都市的一隅，安静地矗立着一座拥有近1700年历史的古城，它就是被誉为"深圳源头"的南头古城；与南头古城相邻着的，是深圳市历史最悠久的公园——中山公园。

大隐隐于市，作为曾经的岭南重镇，南头古城亦是深港澳地区的历史源头，南头古城内保存着多处历史景观，在时光更迭、城市极速崛起的过程中，它不显山不露水，默默守护着岭南古文化的宝贵遗存。一旁的中山公园，更浓缩着从革命时光、战争岁月、到新时代的奋斗精神。

所幸，在日新月异的城市更新中，它们没有被岁月的风尘所埋没，反而在洗礼后展现出了现代与历史完美共生的独特平衡。

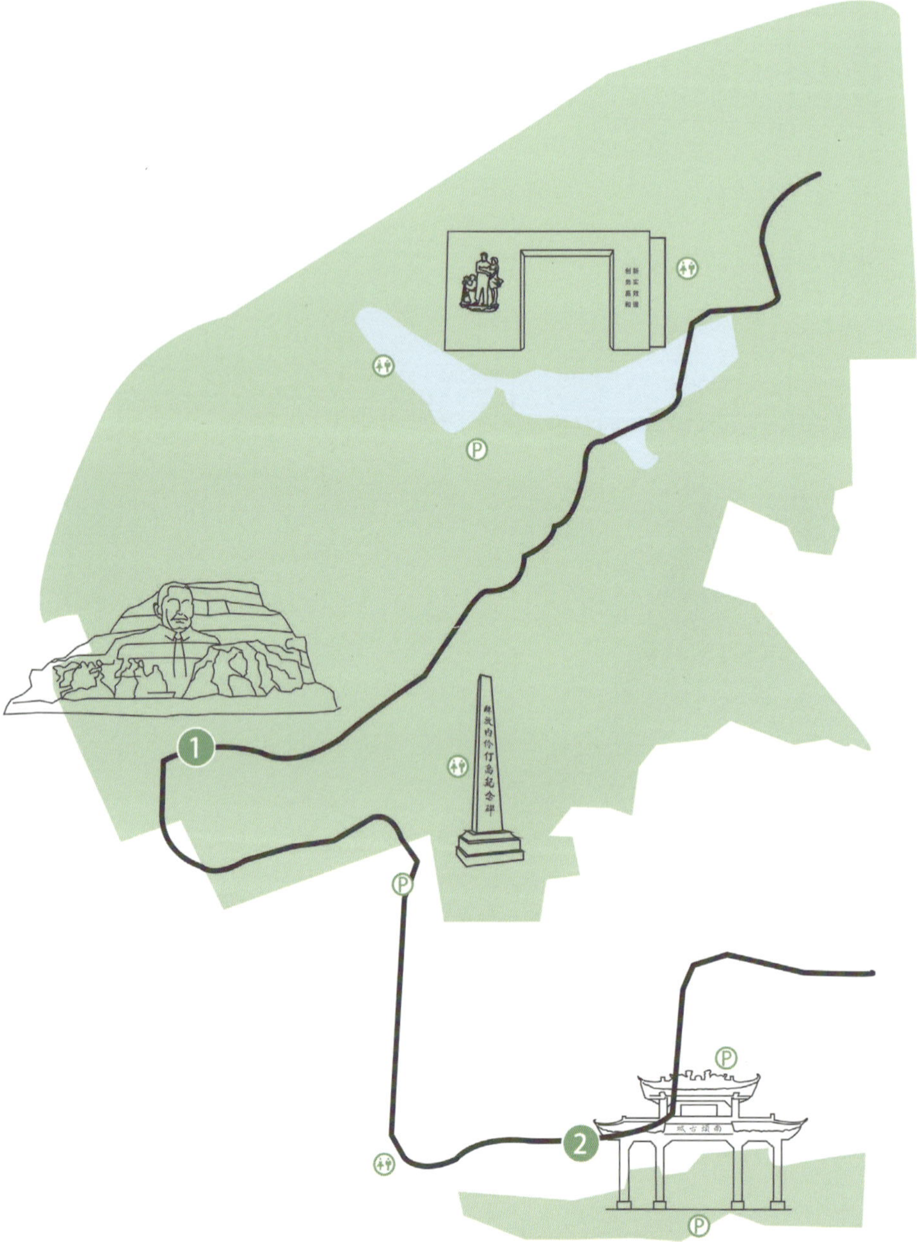

中山公园漫行

路线长度：约 3.3 千米

漫步难度：★☆☆☆☆

漫步时长：90 分钟

① 中山公园

② 南头古城

洗手间　绿地

停车场　水系

温馨提示

◎ 起点交通指引：乘坐地铁 12 号线（南宝线）到"中山公园"站 C 口出，步行 490 米左右即可到达。或乘坐公交车至"中山公园东门"公交站，步行约 420 米到达。

△ 孙中山头像石雕

中山公园 感怀革命岁月 品味幸福生活

  提起全国同名最多的公园,莫过于中山公园。1925年,孙中山先生病逝,全国各地纷纷兴建中山公园以纪念孙中山先生,深圳中山公园也在那时筹建,成为深圳的第一座公园。

  区别于满目苍翠的城市公园,中山公园凝聚着厚重的革命历史气息。著名雕塑家钱绍武主持建造、全国最大的孙中山头像石雕屹立于此,石雕背后刻有孙中山先生的手迹"吾志所向,一往无前,愈挫愈奋,再接再厉,用能鼓动风潮,造成时势"。园内还有一座纪念碑,正面为曾生将军题写的"解放内伶仃岛纪念碑",背面刻有"革命烈士永垂不朽",以纪念于1950年深圳湾内伶仃岛战役中牺牲的解放军战士和征粮队烈士。公园内继续前行,可看到南山时代精神纪念墙及历史名人雕像群。近年来,中山公园增设了许多公共设施,南山区安全教育体验馆、棒球场、篮球场等场地,使这里成为市民健身、亲子休闲的好去处。

  行走在中山公园,你能感怀革命的峥嵘岁月,回望战争的枪林弹雨;迈入现代化的场馆,幸福感油然而生,这也使中山公园成为深圳市首批红色旅游景区之一。

南头古城 看得见的古迹 读得出的历史

△ 南头古城的新春公共艺术季

南头古城是一个以千年历史为底色,包容了多元文化的城市创意空间。在这里,充满古风的青石砖瓦与设计新潮的公共街区、展览空间交相辉映,在历史与现代、传统与时尚的碰撞中,市井气息、文化艺术与自然景致融汇于层次分明的城市肌理之中,焕发新生的活力和融合的魅力。

走在古城十字街区,行人如梭,每隔一段路,就能看见一处保存尚好的历史建筑,待十余处历史景观尽收眼底,那份沧桑厚重的历史感已然长留心底。

沿古城南门通往南广场的路面行进,每隔几米,你就会踩到一块由黄铜打造的地砖——从三国、东晋到唐宋,从元明清到新中国,一直到特区建立——构成了一段简要完整的"深圳建制变迁史"。循此前进,走过六百"高龄"的南城门,恍若穿越时空,"六纵一横"的古城池街巷布局渐次展开。

南城门: 建于明洪武二十七年(公元 1394 年),在修缮过程中,城门两侧原有的农民房被拆除,古城基露出地面,游客可以清晰地看到南头几百年历史的微型切面。

东莞会馆: 又称宝安公所,始建于清同治七年(公元 1868 年),重修于光绪三十三年(公元 1907 年)。

传统的四合院布局，以民间建筑为主，主体部分兼有莞式建筑的手法，是深圳市目前唯一保存下来的会馆建筑，1984年被深圳市政府列为深圳市重点文物保护单位。

新安县衙： 1573 年，明朝扩建东莞守御千户基地，建立新安县，并建县治于南头，辖地包括今深圳市及香港区域。

信国公文氏祠： 又名文天祥纪念馆，是南头城中保存最为完整、规模最大的古建筑。

关帝庙： 建于明万历四十年（公元 1612 年），原存建筑物为三开间二进深带敞篷结构，包括前殿、敞篷、后殿，后殿已毁。于 1997 年重修。现在庙内依旧雕梁画栋，古朴威严。

传统碰上现代 正是潮流进行时

历经了近两年改造的南头古城，在保留历史人文特色的同时，也满足了让传统复活于现代的大众期待。

以十字主街为基底，古城形成了历史怀旧区、艺术文化体验区、品质生活区和文化创意区四大功能区。文化古迹、城中村、旧厂房，与各式展览、民宿、新兴文创企业，在此以密度极高的方式融合共生，这种浓郁的现代文艺格调吸引了一大批艺术家和潮流主理人入驻。

伴随着他们给古城带来的新鲜气息，古城呈现出了更加多元化、多维度的艺术场景，也成为了深圳"古而不老"的时尚潮流街区。

在北街尽头矗立着一座创意建筑——IF 工厂，其全名为 Idea Factory（创意工厂），总面积约 11000 平方米。IF 工厂的前身是深圳建设初期的一栋制衣厂，随着时代的变迁和城市规划转型，IF 工厂也迎来了新的历史使命。

走进工厂内部，一条赛博朋克风的大楼梯赫然出现，霓虹灯牌与银色玻璃镜面相互映照，颇有"王家卫式"的视觉风格。沿着这条光怪陆离的楼梯走至顶层，四方天台布满了极富创意的"竹林迷宫"、休憩区、健身房、蹦床、秋千、茶室等各占一隅，穿梭其间，恍若穿行在城市生活与郊野风光之中。

△ 南头古城街景

春景街以西的光合社，结合春景街以东的物物集，共同组成了集餐饮、娱乐、住宿、购物、办公、展览于一体的文化创意产业区——西集。

与人头攒动的主街不同，西集是悠闲生活的高地。吹过光合社带着绿草树叶味的小风，走到物物集，一路上，尽是各具特色的精致小商铺和绿意盎然的花园，在相互串联的小巷里走走停停，总能让你获得一份超然尘世的悠然自得感。

逛展，必不可少！

漫步南头古城，观展是必须要进行的项目。作为一个古今结合的创意文化街区，除了有深厚的历史文化底蕴展示，更有潮流前沿的文化艺术在此安营扎寨，也因此形成了密集的博物馆和文化展馆。

除了几个常设展，古城时不时会引入国内外一线文化展览、创意活动，偶尔来逛逛，说不定会有开盲盒般的惊喜。另外，常设展览皆为免费。

南头古城博物馆：全面展示了近1700年的深圳城市发展史，以及南头古城的深港澳地区历史源头地位。

开放时间：每日10:00-17:00（周一闭馆）

南头牌匾故事展：展示古城周边收集的明清历史牌匾，展品分为商贸店牌、功名匾、堂匾三大类。

开放时间：每日10:00-17:00（周一闭馆）

南头1820数字展厅：围绕绢本长卷《南头繁会胜景图》展开，呈现古代南头古城生活胜景。

开放时间：周二至周五10:00-20:00/周六至周日10:00-20:30（周一闭馆）

南头精品文物系列展：划分为朝花夕拾、匠心独运、织金广彩三个展厅。"朝花夕拾"展示南头古城最具代表性的出土文物；"匠心独运"展出被文物工作者修缮过后的文物；"织金广彩"通过广彩瓷器再现当年辉煌的海上贸易历史。

开放时间：每日10:00-17:00（周一闭馆）

同源馆：分为A、B、C、D四馆，分别对应"山海同貌""经济同体""文化同心""行政同属"四大主题，从四种视角对珠江口区域的"同源"进行具体解读。

开放时间：周二至周五10:00-20:00/周六至周日

△ 同源馆

10:00-20:30（周一闭馆）

"看图说话——历史地图中的深圳"：通过明、清、民国三个时期的中外所藏中国历史地图与海外航海图，讲述深圳的悠久历史，展现古代深圳在航海、贸易和海防方面的特殊地理位置及作用。

开放时间：周二至周日10:00-17:00（周一闭馆）

△ 南头 1820 数字展厅

△ 南头古城博物馆

南山区夜景
每一寸时光都流光溢彩

　　都说灯光的明暗反映了一座城市的发展水平,经济一马当先的南山,夜景也是不遑多让的绚丽多彩。深圳湾公园的灯光表演以后海片区的摩天大楼群为幕布,上演着光影的灵动变换,时而联合无人机表演,十分具有视觉震撼力。如果想一览南山的全景夜色,可以登上大南山山顶,将璀璨的山海风光尽收眼底。

　　行走在南山的夜里,不仅有夜景让你目不暇接,也有丰富的夜生活供你休闲。深圳欢乐谷、锦绣中华民俗村、世界之窗的夜游项目层出不穷,欢乐海岸的水秀与烟花光彩夺目,海岸城、海上世界等特色街区和商圈有各具特色的餐饮和娱乐项目。不管是和朋友组个饭局,小酌一杯,还是漫步在街上,安静看夜景,南山的夜晚都令人流连忘返。

△ 海岸城广场上的鱼篓形装置

海岸城 星光璀璨 汇于此岸

位于南山的后海片区，"大厂"汇聚，商场云集。其中，以海岸城为首的综合商业区是周边白领和居民们公认的休闲后花园。

从后海站 E 口出来，首先映入眼帘的是保利剧院。这座巨大的椭圆形建筑在夜里点亮了表面的小型 LED 灯，犹如璀璨群星点缀在建筑外侧，映衬着前方的水体和喷泉。剧院定期上演着舞剧、话剧、交响乐等丰富的文艺剧目，是艺术爱好者们不愿错过的文艺地标。剧院一旁的广场上，有着时下流行的后备箱集市。年轻的摊主们在摊位前布置上氛围彩灯，摆上创意灯牌，手打饮品、现烤烧鸟、手作蛋糕等美食一排排铺开，不禁让人想坐在沙滩椅上，品小吃、喝小酒，感受小而美的幸福。

乘坐商场的户外电梯而上，就来到了深圳湾大街。这是一条空中连廊，串联起海岸城购物中心、保利文化广场、天利中央广场三座购物综合体，浓缩着后海片区的繁茂商业与新潮的生活方式。

沿深圳湾大街而行，道路两侧是流光溢彩的夜间景观，也是移步换景的城市立面，可以在行走中感受到滨海城区夜晚的动感与活力。路上的树木都缠绕着灯光，仿佛一树一树的星光围绕。最具有标志性的"鱼篓"景观廊架位于海德广场。白天时是一个纯白的户外装置，宛如一条无限延展的丝带。夜晚时，"鱼篓"就点上了

南山　深圳湾畔的绿野仙踪　185

△　海岸城夜景

灯光，变身成为一座光影廊道，并伴随着不同的主题变换色彩。

穿过"鱼篓"，就来到了海岸城的外侧，这里是深圳湾大街上观赏夜景的理想位置之一。不妨在二楼的茶饮店点上一杯饮料，与朋友边吹海风边看夜景。近处，以中洲大厦为首的摩天高楼环绕着海岸城的四周，时而联动上演着灯光表演。远处，"春笋"大楼流线型的钢筋骨架上流动着五彩光芒。后海大道方向，聚集着阿里巴巴、腾讯、百度等互联网大厂，通透明亮的建筑本体也成为了城市夜景的一部分。

海上世界 酒吧、水秀与音乐之夜

20世纪80年代，改革先驱袁庚在香港的招待会中，这样向众人描绘蛇口的未来图景：那里有绵绵细沙的海滩，海滩上有风吹瑟瑟的树林，那是中国版的夏威夷。

四十多年过去了，蛇口一如袁庚所述说的那般，成为了美丽的滨海城区，既有时髦都市的摩登感与街头小巷的烟火气，又有多元的国际文化与改革开放的先锋气息。而坐落在蛇口的海上世界，正是其独特魅力的缩影之一。

说到海上世界，无人不知那艘停泊在陆地上的"明华轮"。这座巨大的白色游轮极富传奇色彩，曾经作为法国总统专用豪华邮轮起航，1973年被中国购入后正式更名为"明华轮"，继续着它的航海使命；1983年停泊在蛇口海岸六湾后，明华轮开启了它生命的下半场，被改建成为了一座综合性海上娱乐中心，并见证着深圳改革开放的壮阔历程。

白天和夜晚的海上世界是截然不同的两种气质。白天的海上世界安逸闲适，穿行在中心广场上，两侧是具有异域风格的低矮建筑，偶有几个外国人坐在咖啡店的户外区域闲谈，让人感觉仿佛走在地中海的滨海小镇上。

△ 2022年深圳光影艺术季在海上世界的展示点

穿过海上世界广场，走过望海路，便抵达海边，这里有女娲补天的雕塑和海上世界文化艺术中心，看山海时亦可看艺术。海上世界文化艺术中心宛如一个素白的装置盒子落在蛇口湾畔，它将艺术现场置入在山、海、城之间，海阔天空成为了展览的天然背景。

深圳湾滨海休闲带西段的起点也设在女娲公园广场，紧挨着海上世界。滨海公园向东延伸6.6千米，与深圳湾公园C区相连。一路走去，一路邂逅渔人码头里停靠

△ 海上世界夜景

的渔船、防波堤公园的纯白灯塔、飞鸟与大海。

与白天的悠闲街区不同，晚上的海上世界风情万种。从"海上世界"地铁站出来，就可以直接来到中心广场。夜晚时，广场上的餐饮店铺亮起了各自的招牌，构成了一个五光十色的世界。愈走向中心广场尽头，愈发接近明华轮。一连串小灯勾勒出船的轮廓，船上"海上世界"四个大字散发着耀眼光芒，书法出自改革开放的总设计师——邓小平之手。而不远处B区船尾广场的集市里，沿街铺开的摊子上亮着微光，一旁的招商局大楼则以整座楼体作为灯光表演的基底，折射着深圳人的时尚与激情。

主广场上五花八门的餐饮店足以让人眼花缭乱，但常来海上世界的人们更爱往位于A区的小路上钻，那里有着与主街不同的情调，土耳其咖啡店、日本烧鸟店等等来自各国的餐厅都聚集在这些巷子里。而喜欢品酒的人会直奔中心广场背后的西餐酒吧街……

海上世界的音乐喷泉秀是整个夜晚的高潮。喷泉位于明华轮后的水景广场，游客从各个角度都能清楚看到。随着一声轮船的汽笛响起，深圳规模最大的开放式水秀正式启动。音乐或轻柔，或激昂，水柱与激光随之摇曳舞动，像有生命的音乐精灵。乐曲行进至激昂处，水柱冲天而上、气势如虹，最高可达50米，令人震撼。

BAO AN

宝 安

日落西湾红霞飞

宝安作为一个地名,已有近1700年历史了。源于"得宝而安",有着淳朴的广府文化意味。无论是香港,还是深圳后来的龙岗、龙华、光明,都曾是"宝安"的一部分。

现在的宝安区,是一座多面的滨海新城,既有历史与现代碰撞的活力生机,又有城市与自然相融的山海风光。通达的高速路网和繁忙的国际机场之间,山峦起伏,水景众多,181座公园,近500千米绿道,72千米碧道和20千米纵横延伸的郊野径,为人们献上阳光下的自由生活。

宝安是片古老的土地,但从不缺少时尚的活力与乐趣。漫步海边,欢乐港湾展示着都市的摩登气质,"湾区之光"摩天轮散发着天空下的浪漫;远处是云淡风轻的海湾,一边碧空无垠、红树依岸;一边长桥卧波,车流不息,飞机穿过云霞起起落落。在北部的山野里,有峰高林茂的阳台山,有香火缭绕的凤凰山,山海之间绵延着长街小巷、万家灯火,浓浓的烟火气慰藉着人们的奔忙与喜乐。

滨海文化公园

越过都市 遇见海

在深圳这座海城相连的城市，临海而居、与海共生就是日常。城市与海洋在各个区域讲述着不同的故事，来到宝安，则是悠闲的滨海都市生活。滨海湾畔的宝安中心区，既有企业总部的摩天大楼，也有图书馆、青少年宫、滨海广场等公共设施，这里既是宝安的商务中心，也是市民休闲运动的文化中心，繁华与宁静、自然与人文在这里相融共生。

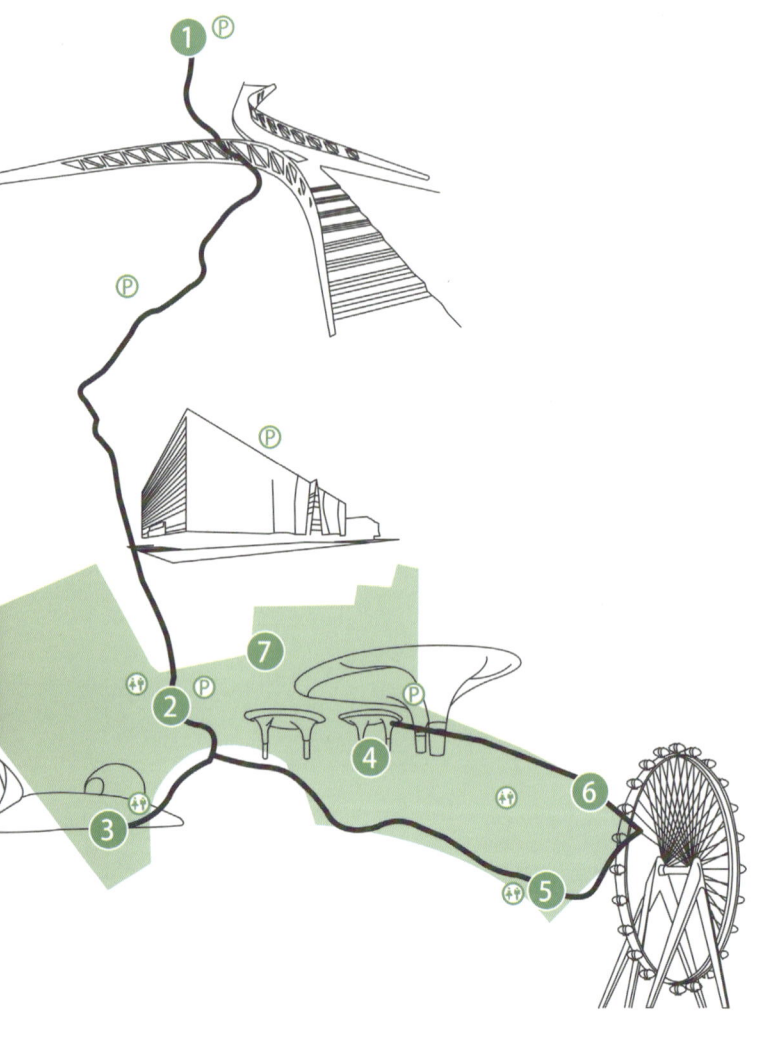

滨海文化公园漫行

路线长度：3.5 千米

漫步难度：★★☆☆☆

漫步时长：50 分钟

① 滨海廊桥
② 滴咖城市营地
③ 欢乐港湾儿童乐园
④ 欢乐港湾庆典广场
⑤ 湾区之光摩天轮
⑥ 欢乐港湾商业 - 钟书阁
⑦ 湾区之声滨海艺术中心

洗手间　停车场　绿地

温馨提示

◎ 起点交通指引：乘坐地铁 5 号线到"宝安"站 D 口出，步行 120 米左右到达廊桥起点。或乘坐公交车至"宝安地铁站南"公交站，步行约 250 米到达。

滨海廊桥 一路向海的空中慢行

踏上滨海廊桥,滨海城市风貌一览无遗。如银丝带般的桥身蜿蜒于城市当中,串联起宝安的每个城市地标。廊桥总长约 2 千米,包含了下沉广场、地面步道、空中廊桥,是名副其实的"空中、地面、地下"三位一体的建筑艺术。桥身弧形设计,周身纯白,以半透明金属板材构筑而成,置身其中,可真切感受身旁的高楼大厦,俯瞰脚下的车水马龙。

慢行途中,一路邂逅宝安体育场、宝安图书馆、滨海文化公园等城市文化场所,也会经过前海人寿金融中心、华侨城瑞吉酒店、中意智慧大厦、华侨城 JW 万豪等地标建筑,要是细心观察,还能偶遇沿路上极具特色的 12 个艺术互动装置,成为漫步之外的小惊喜。

与滨海廊桥相连的下沉式广场,里面的每一个景观都是游客们拍照的热点:银色的树形雕塑、创意造型的休憩空间……应接不暇的创意让你总有打卡的冲动。

▷ 滨海廊桥

滨海文化公园
绿轴上的城海交会处

从宝安中心区沿滨海廊桥行至尽头，欢乐港湾商业西岸的二楼平台便是滨海廊桥的终点。这里便是滨海文化公园（即欢乐港湾），由滨海文化公园、"湾区之光"摩天轮、"湾区之声"深圳滨海演艺中心、商业街区、万豪酒店、写字楼等构成，是衔接城市与海洋的海岸带。在这里，可充分体验都市人亲海的梦幻生活。

区别于自然公园，滨海文化公园依托欢乐港湾，构建了多元生活的聚集地，你可以在这里一边看海，一边享受最现代的都市生活。滨海文化公园分为演艺广场、艺术公园以及运动公园三大片区。从滨海廊桥穿过欢乐港湾商业区，首先来到的是运动公园片区。

运动公园由儿童公园、滑板公园、天幕广场等组成。走进儿童公园仿佛走进一个五彩的童话世界，公园内设置了两个超大的喇叭滑梯、大型立体攀爬网、超长绳索桥等沉浸式游玩设施，可以让孩子们在这里足足玩上一整天。

从运动公园沿着海边自西向东走，便来到演艺广场，滨海文化公园的主入口也在此处。演艺广场由庆典广场、演艺中心、灯光秀、水秀组成，这里定期举行各类音乐节、戏剧节和艺术展览活动，水秀和灯光秀也在这片区域开启。

从演艺广场继续往东，便来到艺术公园。这里有摩天轮、主题雕塑、观景廊桥等，地形与景观别致有趣，各种线条型的艺术作品穿插其中。漫步在艺术公园，

△ 欢乐港湾

你会不由自主地放缓脚步，在这些饶有趣味的建筑小品和园林美景中留影。

演艺广场最具标志性的景观当属 128 米高的"湾区

之光"摩天轮,它由"伦敦眼"的团队设计制造,是全国首座全景回转式轿厢摩天轮,拥有"伦敦眼"同款轿厢,也是国内现有最大的360°巨型透明"太空舱"摩天轮轿厢,具有欣赏湾区日落和都市夜景的开阔视角。自从摩天轮转动那天起,它就成为年轻人热衷的浪漫之地。

△ "湾区之声"深圳滨海艺术中心

"湾区之声"深圳滨海艺术中心 在海畔欣赏艺术盛宴

与滨海文化公园相邻的则是"湾区之声"深圳滨海艺术中心,该建筑概念以"水流蚀石"为灵感,线条流畅,如同绵延海浪,动感与飘逸并存。作为深圳市综合设施设备标准最高的演艺场馆,各种歌剧、戏剧、古典音乐等大型演出在此频频举办。如果时间充裕,你可以在漫步之后,再观看一场精彩绝伦的文艺演出,结束一天的美妙行程。

△ 欢乐港湾东西岸商业区

欢乐港湾东西岸商业区 为欢乐生活而生

欢乐港湾的东西岸商业区域是"亲海体验式商业街区",旨在为市民打造全新的商业场景。东岸集时尚、潮流、亲子等多业态于一体,被网友们称为"最美书店"的钟书阁就坐落在这里。这座充满着旋转阶梯和书架的书店,营造出奇特场景。西岸商业街区则配有口味丰富的特色餐饮,在海边的空地上,各式各样的餐车、咖啡吧、饮品店飘出诱人的味道,在草坪上支起天幕,放上几张折椅,就成了一个野营基地。坐在这里,面向大海,享受珠江口吹来的徐徐海风。

▷ 钟书阁

西湾红树林湿地公园

海波连空港 落日映长桥

　　位于南海之滨的宝安，蜿蜒着 45 千米的黄金海岸线。过去宝安的这片海湾红树密布、生蚝肥美、海水碧蓝，但随着经济的发展，城市的边界不可避免地挤占了自然空间。这里建设起了机场、港口和沿江高速，发展起了加工制造业，车水马龙、人来人往。

　　海岸和红树一度远离了人们忙忙碌碌的生活。随着生态修复工作的加快，2015 年西湾红树林湿地公园正式落成，宝安人拥有了属于自己的滨海公共空间，从此濒海而居、临海漫步成了生活的日常。

　　如今的西湾红树林湿地公园凭借着醉人的海上风光、丰富的文化休闲设施，被深圳人视作最宜人的海岸之一。黄昏时分，霞光将半天橘红洒落，海面上粼粼闪烁着柔和的波光，而海平线的另一头，长桥矗立，飞机起落，湾区的兴盛繁忙与生活的片刻闲隙美好地交织在一起。

西湾红树林湿地公园漫行

路线长度：约 2.3 千米

漫步难度：★★☆☆☆

漫步时长：32 分钟

① 阳光草坡

② 1 号观海台

③ 固成码头

④ 碧荫乐坛

⑤ 南昌镜湖

⑥ 绮云书院

⑦ 七彩沙地岛

洗手间　停车场　绿地　水系

温馨提示

◎ 起点交通指引：乘坐地铁 11 号线到"碧海湾"站 E 口出，步行 200 米左右到达"碧海湾地铁站"公交站，然后乘坐公交车至"固成海滨新村"公交站，步行约 670 米到达。

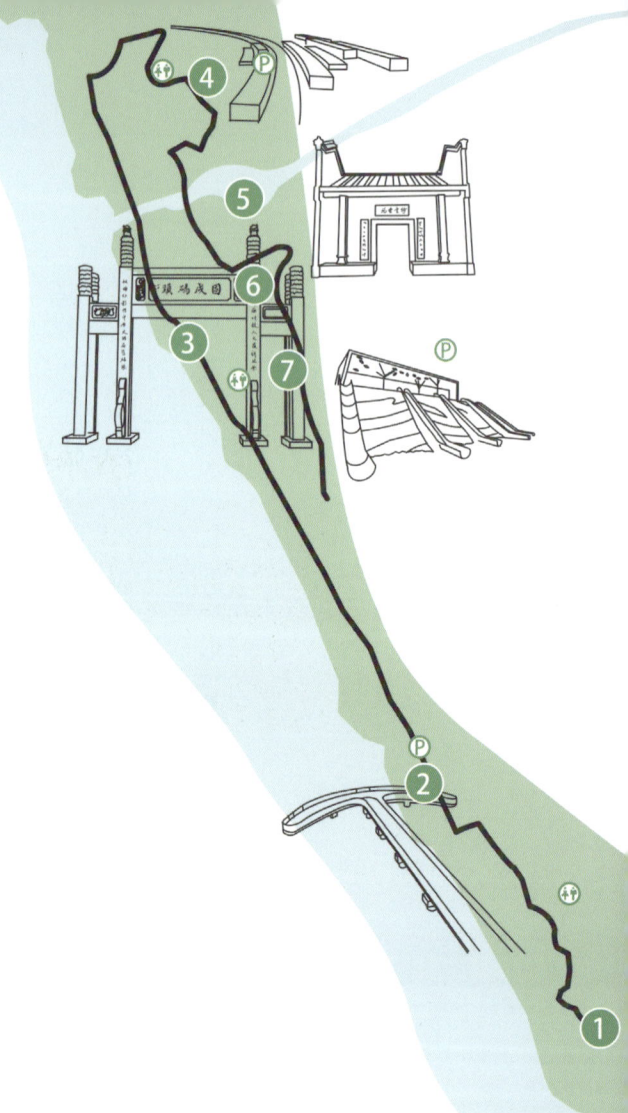

△ 西湾红树林

滨海步道 观海也可亲海

西湾红树林湿地公园融合了红树林文化、西乡地域文化和滨海文化三大特色。它沿深圳西海岸而建，南接大铲湾码头，北临宝安国际机场，伫立在海面上的广深沿江高速公路与之平行。所以在公园漫步，飞机、地铁、船舶、长桥总会与蓝天、大海和夕阳一同嵌入游人的视野中。

由南1门进入公园，穿过南部的园林，就能抵达海边。滨海步道呈南北纵向，是离海最近的一片带状区域。沿步道而行，可以遇见不同元素组成的景观，使得这段漫步富于变化、并不单调。

海面澄澈，天空蔚蓝，沿江高速跨海而过，划开海天一色的模糊界限，在自然间添了些科技的宏伟壮阔。沿江高速桥底则是大桥景观的另一面。一座座桥墩从海底拔地而起，层层叠叠的桥洞向大海深处延伸，近距离观赏更觉大桥的磅礴气势。在海面上还有数个成对排列的巨大输电塔，也常常成为摄影爱好者热衷拍摄的景观。

远处的风光有海天辽阔、长桥落日，近处的景色有红树葱郁、鹭鸟翩跹。西湾红树林湿地公园是深圳为数不多的湿地公园之一，百亩红树林依滩涂而生，绵延数千米。素有"海上卫士"之称的红树林将发达的呼吸根深扎淤泥中，可以达到防风固堤的效果，也为迁徙候鸟、螃蟹等潮间带动物提供了栖息之所。涨潮时，海浪没过树根，跟着潮汐的节奏轻轻拍打红树树干，形成了"树生海中"的奇特景象，这也是热带、亚热带海岸上的独有风光。

固戍码头 西乡商贸的繁华背影

△ 固戍码头

宝安的固戍，因地铁交通直通南山，且房租便宜，是万千"深漂"落脚深圳的地方。而在古代这里扼守着珠江口海防要冲，宋朝至明朝时期朝廷会派军驻防。固者，坚牢也；戍者，守卫也。固戍，作为地名从宋元一直保留了下来。在此片区内的西湾红树林湿地公园天生就拥有着西乡地域文化的基因。

沿着听潮步道向北而行，便来到公园的人文历史景点固戍码头。固戍码头在民国时期是珠江口岸一处非常繁华的商埠，现在早已不见停靠的船只和往来商人，我们只能通过复原的码头联想昔日的繁华。

南昌镜湖 万物化生的哲学

走完听潮步道，向东返回西湾公园的园林区。在公园北侧是一个开放式的"音乐厅"，名曰"碧荫乐坛"。一道道弧形台阶，像钢琴琴键，构成了奇妙的园林景观。

自碧荫乐坛向南，可达南昌镜湖景点。湖的造型犹如太极图，暗合万物化生的哲学思想。湖上有一座并心桥，站在桥上可以一览整个南昌镜湖的景色。整个西湾公园水系众多，公园各处均设置有景观桥，如步云桥、我依桥等，令湖岸的景色富有江南水乡韵味。

位于南昌镜湖北侧的仿古建筑"锦庭印象"，内部其实是一个海洋VR体验馆，可以体验各类新奇的VR设备。

绮云书苑 读一段往事 思一位故人

△ 绮云书苑

从南昌镜湖向南，是绮云书苑，这是深圳的第二十七家简阅书吧。书吧青砖灰瓦，古朴典雅，颇具岭南韵味。

它的外观原型源于建造于清朝光绪年间的绮云书室。该书室曾是当地郑氏一脉的家族私塾，从这里走出了中国第一位法学女博士、第一位女律师——郑毓秀。她拥有很多个"第一"头衔，曾投身革命、引领妇女解放运动。凭借深厚的律法学识，她成为《中华民国民法典》编纂委员中唯一一位女性，并且力主将妇女婚姻自主权利写进了该部民法典，抵制加诸中国妇女身上的封建枷锁。百年匆匆，先人已逝，但为国救民的精神融入了宝安的文脉。新建的绮云书苑在苑内另设了纪念郑毓秀的别院，郑博士的雕像位于庭院中央，院落内还有芭蕉绿丛、玻璃彩窗，若是遇上雨天，可坐在连廊处闲听雨打芭蕉声。

△ 绮云书苑内景

别院与绮云书苑以曲折的回廊连通，数步可达。书苑内的装饰以现代简约的中式风格为主，木质调和灰色调的结合给人以清雅典致之感，其中的书籍也多以历史读物为主。

七彩沙池岛
孩子们的欢乐之"海"

顺着公园里的小道向南继续行走,就是小朋友们最迷恋的七彩沙池岛。七彩沙池岛占地约 4.08 万平方米,是亲子娱乐活动区。在起伏的地形中建造的两个沙池岛,远远看过去像浮在蓝色的波浪里,周边沙丘形状的彩色座椅也很有童趣。除了沙池,还有迷你攀岩墙和滑梯,是孩子们释放天性的好地方。

落日海岸
等一幅长桥落日圆

从七彩沙池岛出来,西湾公园的漫步之旅也接近尾声。如果你走到此时恰好是傍晚时间,可以移步到西侧的听潮步道观赏海上绯红的晚霞。

这时,夕阳将海与天染成一片橘红,泛着碎金的海浪波纹一层又一层向岸边翻滚而来,桥上车流依旧,海上轮渡缓慢前行,一天的喧嚣嘈杂都在此刻安静下来。最美的时候是当夕阳缓缓降落,落于公路之上时,便是一番长桥落日圆的瑰丽景观。

广深沿江高速

宝安 日落西湾红霞飞

> 扩展阅读

宝安后瑞村 从这里飞向世界

宝安后瑞村距离西湾红树林湿地公园约5千米，因离机场较近，许多"空姐空少"选择在此居住。

从地铁1号线"后瑞"站走出，一眼就会看到耸立在路边的"山海新城"浮雕墙，这是后瑞村的新地标。在这面浮雕墙上，一架跃然升空的飞机格外显眼。同时，墙面上雕刻了象征着科技新城、临空产业等图案，让一座自然与科技和谐共融的现代化城市跃然浮出，这面"山海新城"浮雕墙述说的就是后瑞村的故事。

从浮雕墙开始，一条新瑞路笔直贯穿后瑞村，这条路也是后瑞村最为繁华所在。晚秋的阳光穿透了路边茂密的榕树，洒在光洁的路面上斑斑驳驳。上午9点，居住在这里的上班族已经离开，后瑞村显得十分恬静。新瑞路上，清洁工在清扫着昨晚的落叶，三三两两的老人，手里提着刚刚买好的菜，要回家准备一餐丰盛的午饭。

新瑞路两侧，各式店铺琳琅满目。在这条路上，有早餐摊上的煎饼果子、天津汤包，有广式肠粉，有热气腾腾的牛肉火锅，有陕西和重庆的面食，更有锅锅乐、牛腩煲、小龙虾和东北烧烤……与此同时，各类小吃更是让人垂涎欲滴，沈阳鸡架、长沙臭豆腐、周黑鸭、柳州螺蛳粉等等，再加上各种奶茶饮品，使得后瑞村充满了浓浓的烟火气。

沿着新瑞路继续行走，转入三区路后，一座藏身于居民楼与绿化带之中的儿童友好公园便出现在眼前。这座被命名为"几米的童话世界"的儿童公园，占地面积约900平方米，分为儿童游戏区、儿童拓展区和林荫休闲区三个功能区域，布置了儿童滑梯、秋千、跷跷板以及漫步机、椭圆机、牵引器等设施，让孩子们在这里可以随意享受童年的快乐。

"后瑞村始名'厚兴围'，200余年前建村，因土壤肥沃、海产丰富、利于生计而得名。1949年历史鼎革，改称'厚穗'；在20世纪70年代后期更名'后瑞'，寓后步宽宏、瑞腾吉祥之兆。"在新瑞三区的一处围墙上，一段后瑞村的由来绘于其上，再现了后瑞村曾经富饶的生活画面。

如今的后瑞村，目之所及是干净平坦的人行道、绿意蔓延的街区、明亮的天空，一街一景皆充满人文气息。

傍晚7点钟之后，后瑞村中的灯光亮起，照亮了从南山、从机场下班归来的人们，骤然热闹起来。各家店铺陆续坐满了人，辛苦一天的人们，用美食来犒劳自己。此刻的后瑞村，与深圳其他地方一样，它的多元与包容给了所有人更多的获得感、满足感和幸福感。

宝安 日落西湾红霞飞 207

△ "山海新城"浮雕墙

LONG GANG

龙 岗

山环水润养出一城葱茏

在深圳的东北部，山脉绵延，宛如卧龙，龙岗因此得名。这个388.21平方千米的城区，是深圳辐射粤东粤北地区的"桥头堡"。这片土地既有着浓厚的文化历史、满目葱郁的生态环境，也以领先的姿态担负着走向世界的使命。

美丽龙岗向河而生，从梧桐山麓流淌而下的龙岗河，孕育着这片土地，223座公园星罗棋布，564千米绿道、88千米郊野径贯穿其中。

想近距离了解龙岗人的生活，你可以用心去"听"：锣鼓铿锵，是客家人舞动麒麟，期盼祥瑞太平；声声喝彩，是大运中心在上演精彩国际赛事；琅琅书声，是香港中文大学（深圳）、深圳北理莫斯科大学等学府内思想的碰撞；流水潺潺，是神仙岭水库传来都市田园般生活的赞歌；买卖声声，是海吉星农批市场的热火朝天。

大运公园

登山行大运 临水做神仙

  龙岗有一座山叫"大运山",有一个湖叫"神仙湖"。大运公园就坐落在大运山下的神仙湖畔。

  "大运",是一块因一场国际体育盛会而得名的土地,这里不仅留下了第 26 届世界大学生运动会的精彩印记,也浓缩了龙岗城区发展的时代故事。按照国际惯例,举办世界性的运动会都会在同城建设同名的公园,以作永久纪念,毗邻深圳大运中心的大运公园应运而生,并于 2011 年 8 月正式开园,成为深圳最大的以体育为主题的生态公园。

  登高行大运,释怀山水间,在这里,充满青春活力的大运文化与美不胜收的自然风光交相融合,让人流连忘返。

212　公园深圳

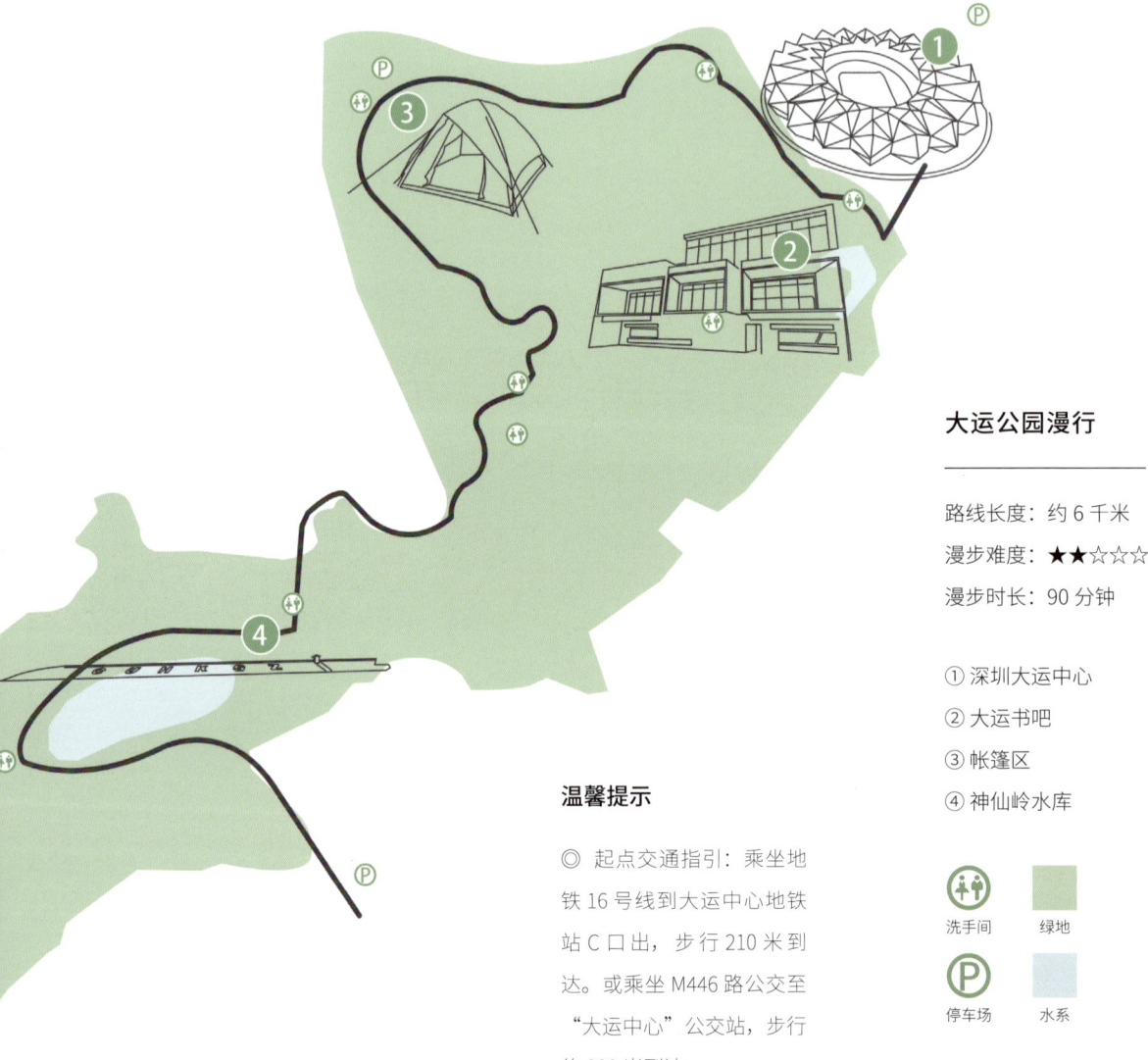

大运公园漫行

路线长度：约 6 千米
漫步难度：★★☆☆☆
漫步时长：90 分钟

① 深圳大运中心
② 大运书吧
③ 帐篷区
④ 神仙岭水库

温馨提示

◎ 起点交通指引：乘坐地铁 16 号线到大运中心地铁站 C 口出，步行 210 米到达。或乘坐 M446 路公交至"大运中心"公交站，步行约 200 米到达。

洗手间　绿地
停车场　水系

△ 大运中心体育场

深圳大运中心 start here 狂欢不谢幕

深圳大运中心是深圳的地标性建筑。2011年，这里是第26届世界大学生夏季运动会的主场馆区，它以城市的名义迎接了来自152个国家和地区的参赛者，完成了深圳承办国际大型赛事的首次尝试。在大运会结束后，深圳大运中心告别喧腾一度回归寂静。2013年，国内第一个原创音乐节迷笛音乐节首次开到岭南，便在深圳龙岗大运中心掀起摇滚狂潮，自此，深圳大运中心迎来了它的新生，成为众多高端赛事活动、晚会、演唱会、大型发布会的举办地。

人们喜欢用"一场两馆"来形容大运中心的构成，即大运中心体育馆、游泳馆和大运中心体育场。其实，这样的概括太过笼统。除了"一场两馆"，这里还有大运湖、全民健身广场及体育综合服务区等设施，是深圳首个集赛事、演艺、会展、商业、文娱五大功能于一体的公众文体公园，据统计，大运中心一年举办的活动近150场。

此外，大运中心还是中国国家田径队的训练基地之一，是诸多重大体育赛事的比赛场馆。亚洲飞人苏炳添和2022年"一跳封神"的男子跳远运动员王嘉男都曾长期在这里训练。因此，运气好的话，说不定可以碰见在此训练的体育明星。

△ 大运书吧

大运书吧 窗外湖光窗内书香

从大运中心往西走，通过横跨龙飞大道的天桥，就进入了大运公园。大运公园面积约1.4平方千米，园中绿道长约8.6千米，山体、水库、溪流、树林，构成公园丰富的自然景观和功能多样的运动休闲区。

有别于市中心区公园的闹中取静，大运公园更具天然的风貌和野趣。行走在绿荫密布的步道，深呼吸夹杂着植物芳香的空气，没有人头攒动，也没有太多人工雕琢，十分舒适。

从浓荫中穿行，径直到了U型湖边，对岸临水而立的白色小楼格外亮眼，这是2022年正式对外开放的大运书吧。迈上二楼，花草簇拥的天台适合阳光下的读书时光；推开玻璃门，满窗映照着湖景，吧台上的咖啡、果汁、小甜点，书架上静待翻阅的书，就像默契的老朋友等着你。如果看书累了，就停下来，望望窗外的绿树与湖光，

△ 书吧内景

这样的生活，何尝不是都市里的诗意。

在大运书吧，你可以选择留下来小坐，也可以继续你漫步公园的步伐。

△ 龙岗区公园文化季暨首届露营节

帐篷区 合家共享日光与绿意

　　大运公园有很多平缓的草地，很适合搭顶帐篷在树荫下躺一个下午，感受微风拂面。深圳很多公园都规划有帐篷区，引导人们享受户外天赐的美好，大运公园就是其中一个。从大运书吧出来，顺着指示牌走约1.2千米，就能到达大运公园的帐篷区。

　　如果是晴好天气，你在这里可以看到许多鲜艳的小帐篷散落在草坪上。游客有的携带着茶具，有的摆放着美食，大人们看会儿书，或者小眯一会儿，享受属于自己的周末；孩子们则快活地爬进爬出，在阳光下笑语飞扬。一家人在一起就是人间最美好的时光。

△ 园内草坪

温馨提示

◎ 如果你特意来此搭帐篷，可以直接导航大运公园停车场，旁边就是帐篷区。

神仙岭水库
只羡读书不慕仙

从帐篷区出来沿着绿道往香港中文大学（深圳）上园的方向走，沿途是林荫道，即便正午，也不用太顾忌阳光。当你看到港中大（深圳）上园，也就意味着神仙岭水库到了。

神仙岭水库一如它的名字，有一种浪漫的美。环湖植有四时花卉，你可以绕着湖边跑步，在山水间挥洒汗水；也可以沿碧道慢慢走，一路上经过西式亭、古亭、六角亭。当你累了，倚着栏杆，看湖里的黑天鹅悠然来去，会感觉到它们才是湖里的神仙。

环神仙岭水库而建的碧道，既是水库的组成部分，也是香港中文大学（深圳）的一部分，所以，除了恬淡的自然气息，你还能感受浓浓的文化气息。顺着水库远远望过去，还可看见一幢哥特式建筑，那是深圳北理莫斯科大学主楼，楼顶闪耀着"深北莫之星"。漫步于此，既能感受山川秀美，又能体会大学的文化氛围，身体和心灵，都在路上。

温馨提示

◎ 大草坪附近设有便民服务驿站。除了休息，站内提供饮水、充电等服务。
◎ 进餐可到周边的飞扬路和青春路，湘菜、粤菜、西点、快餐随意选择。

神仙岭水库

📖 扩展阅读

甘坑古镇 青石板上的客家乡愁

△ 甘坑古镇航拍

在深圳，可以来这样一个地方走走，一座座浓郁客家风情的碉楼、吊脚楼和百年老屋，一顶顶客家凉帽、一曲曲客家皆歌，在回眸的刹那，仿佛穿越了时空。

这里，曲径通幽处，亭台楼阁间，藏书三万册的二十四史书院在绿树掩映中气势恢宏，走累了，就捧一卷书，静静地坐在时光深处，一眼千年。

这里，就是甘坑。

"让城市留住记忆，让人们记住乡愁。"漫步甘坑，在古镇街巷中追忆时光，在博物馆中追寻历史，在古炮楼下传承红色基因，在特色酒店品味客家美食，在二十四史书院与圣哲对话，在小凉帽农场体验手作乐趣……不论是休闲娱乐的亲子度假游，青春活力的约会团建游，还是古风穿越的拍照打卡游，都能收获别样体验。

来甘坑古镇走走，流连古风古韵，深入花团锦簇，穿过现代繁华，感受亲子之乐，以及穿透时空的人文气息。

甘坑古镇是"深圳十大客家古村落"之一。古建筑群融于山水之中，与几百年的客家排屋形成一张独特的客家文化画卷。

甘坑古镇城门楼即为古镇的南门，一抬眼，"甘坑"两个烫金大字在阳光下闪闪发光，与朴拙的城门一起静静矗立，守望着熙熙攘攘的人群。从这里踏入，人们就仿佛步入时光隧道，在百年古镇与现代繁华中流连穿梭。

漫步甘坑古镇，主街沿途分布着七都一一六、关帝庙、甘坑古井、甘坑炮楼院、甘坑博物馆、小凉帽国际绘本馆、状元府、文昌塔、小凉帽农场等上百个景点和特色店铺。每到10月三角梅盛放时节，甘坑古镇的屋檐墙角，随处可见一簇簇鲜艳花朵，与客家建筑融合，古风韵味十足。一年一度的花朝节更是甘坑古镇的特色活动，古镇主街上随处可见身着汉服或旗袍的游人驻足拍照，置身其中仿佛一秒穿越回古代。

如果时间允许，可以漫步到日落时分，甘坑古镇的夜景，则是另一番风情。夜幕降临，华灯初上，自在悠闲地在古香古色的街巷小楼中穿梭，一砖一瓦与点点灯火相映成趣，一街一巷尽是人间烟火气，犹如误闯入《千与千寻》中的神隐小镇。

七都一一六

从城门楼进入，沿着甘坑古镇主街一路向北走，最先看到的是一片名叫"七都一一六"的特色客家文化体验区。据《新安县志》记载，明末新安县分3乡7都57图509村，甘坑属7都116村，"七都一一六"由此而来。

这里曾是甘坑地势最低洼的老村区域，逢雨必涝。随着村民逐渐迁出搬到高处新村居住，客家老屋逐渐年久失修。经过修整，如今，这片古色古香的客家老屋重新焕发活力。

甘坑炮楼院

逛完"七都一一六"，顺着甘坑古镇主街继续向北，

△ 甘坑古炮楼

可以看到关帝庙、甘坑古井。古井原名"甘泉井"，有清甜的井水，过去人们从古井取水，洗衣做饭酿美酒，滋养代代甘坑人。再往前走，一座外形沧桑的古炮楼便矗立眼前。

甘坑炮楼院建于1919年，现周边建有炮楼纪念广场。古炮楼有四层楼高，墙体坚固厚实，是客家人聚居地对外防御的标志性建筑。抗日战争时期，东江纵队司令曾生在甘坑疗伤时，曾在甘坑古炮楼动员民众积极参加抗日，在位于古炮楼中的红色教育纪念馆，可以深入了解那段峥嵘历史，追寻红色记忆。

甘坑博物馆

甘坑炮楼院旁边，一座古色古香的红色三层建筑是甘坑博物馆，门口的两只石神兽威风凛凛，非常引人注目。

在甘坑博物馆漫步，不仅可以通过一幅幅珍贵的老照片，了解到这座拥有 300 多年历史的客家古村落的发展变迁，一件件实物展品更能够让人深入体验本土客家丰富多彩的风俗与文化。

在博物馆二楼的"客家凉帽展厅"，已有 240 多年历史的布吉甘坑凉帽穿越历史长河来到面前，开料、织箜、扫油、剪圆、扎藤、染布、褶布……已被列入省级非遗代表性项目名录的三十三道生产工艺程序，让传统工艺之美尽收眼底。

小凉帽农场

如果是带小朋友漫步甘坑，可以到位于甘坑古镇西北端的小凉帽农场，享受欢乐的亲子时光。

在这里，就好似误入"摩尔庄园"，第一眼就会被门口欢乐的"小凉帽"卡通雕塑感染，惹得小朋友们纷纷驻足合影留念。农场里种植了多种无公害瓜果蔬菜，还养殖了种类繁多的家禽，不仅可以欣赏原生态的田园风光，还可以现场体验农耕、采摘、彩绘草帽、活字印刷、木工制筷等手工体验项目，特别适合亲子游玩。

温馨提示

◎ 小朋友最好多备一套衣服，可以自带水枪、挖沙工具。
◎ 夏日蚊虫较多注意带好驱蚊水，注意防暑。
门票：成人 30 元 / 人，儿童 50 元 / 人（1 米以下儿童免费）
体验项目（三选一）：彩绘草帽、活字印刷、木工制筷。
◎ 甘坑古镇北门路边可以扫码租婴儿车，30 元 / 天，押金 100 元。

△ 甘坑古镇街景

△ 二十四史书院一角

二十四史书院 梦回千古

二十四史书院就静卧在甘坑古镇中，占地3万平方米，是围绕"二十四史"国家级IP规划打造的一座超级花园、书院综合体。

书院建有十二座东方园林和阁亭院落。依着地势，那些亭台楼阁层层叠叠，千回百转，沉静清幽，极富东方神韵。入夜，楼阁"千灯照碧云"，温馨而辉煌，似乎重现了唐代诗人们笔下的良宵。踏入其间，仿佛穿越时光，梦回千古……

极富东方园林建筑美学的高颜值，使这里成为了新晋网红国风打卡地。书院设有东坡书房、兰亭书屋、小凉帽绘本馆等八大书店，1000个座位和3万册藏书，提供了舒适的阅读环境，加上长年不断的文化活动，探访二十四史书院，是一次东方美学的洗礼，亦是一次传统文化的畅游。

若想在现代时尚的深圳，找寻传统中国的味道，不妨来这里，阅读、品茶、探古寻幽。

温馨提示

◎ 门票：成人60元/人，儿童、长者、残疾人、夜场票30元/人。

LONG HUA

龙 华

理解奋斗 才懂得生活

以"无奋斗,不龙华"树立自身精神气质的龙华区,是一片热情饱满的土地。时光之手极速镌刻着它的面貌,一切都像北站之下疾驰而过的"复兴号"一样,永远保持着奔腾向前的姿势。

而羊台山的葱翠和观澜河的波光又让流过这里的岁月变得温柔从容。你只需一个回身,便可以从星光下的赶路人变身阳光下的生活家。

龙华地处深圳地理几何中心和粤港澳大湾区城市发展中轴,坐拥华南特大型综合交通枢纽——深圳北站,优越的地理区位赋予它非凡禀性。这里三面环山、一水润城,漫步路线有很多选择:这里有观澜湖度假区、山水田园,有133座公园散落楼宇之间,有近280千米的绿道蜿蜒城内,当然,作为"深圳CBD后花园"的龙华,即便是一场闲散的漫步,你也可以感受到她年轻的活力与想象力。

深圳北站中心公园
守候追梦人的出发与归来

当列车缓缓驶入深圳北站,熙熙攘攘的人群从站台上走下,南腔北调交织在一起,我们便知道,又有许多人要开始一段与深圳有关的故事。

与其说深圳北站是一座车站,不如说它是深圳年轻人逐梦的一个起点。铁路轨道穿城而过进入深圳时,窗外的繁华新城与城中绿景相映成趣,站城融合、城在园中的景色,让初到深圳的人眼前一亮。这里是成千上万人梦开始的地方,也是这条漫步线路的开端。

从深圳北站西广场走出,跨过繁忙的致远中路,便来到了深圳北站中心公园。这个与亚寄山脉一脉相承的城中绿地,利用原有地形进行跌水景观营造,划分了形象展示区、交流活动区、活力运动区、自然山林区 4 个片区。漫步公园内,树木葱郁,水草涟漪,一处处独具匠心的公园景观让人赏心悦目。顺着这条路线漫步,能时刻感受深圳拼搏与安居齐头并进的独特气质。

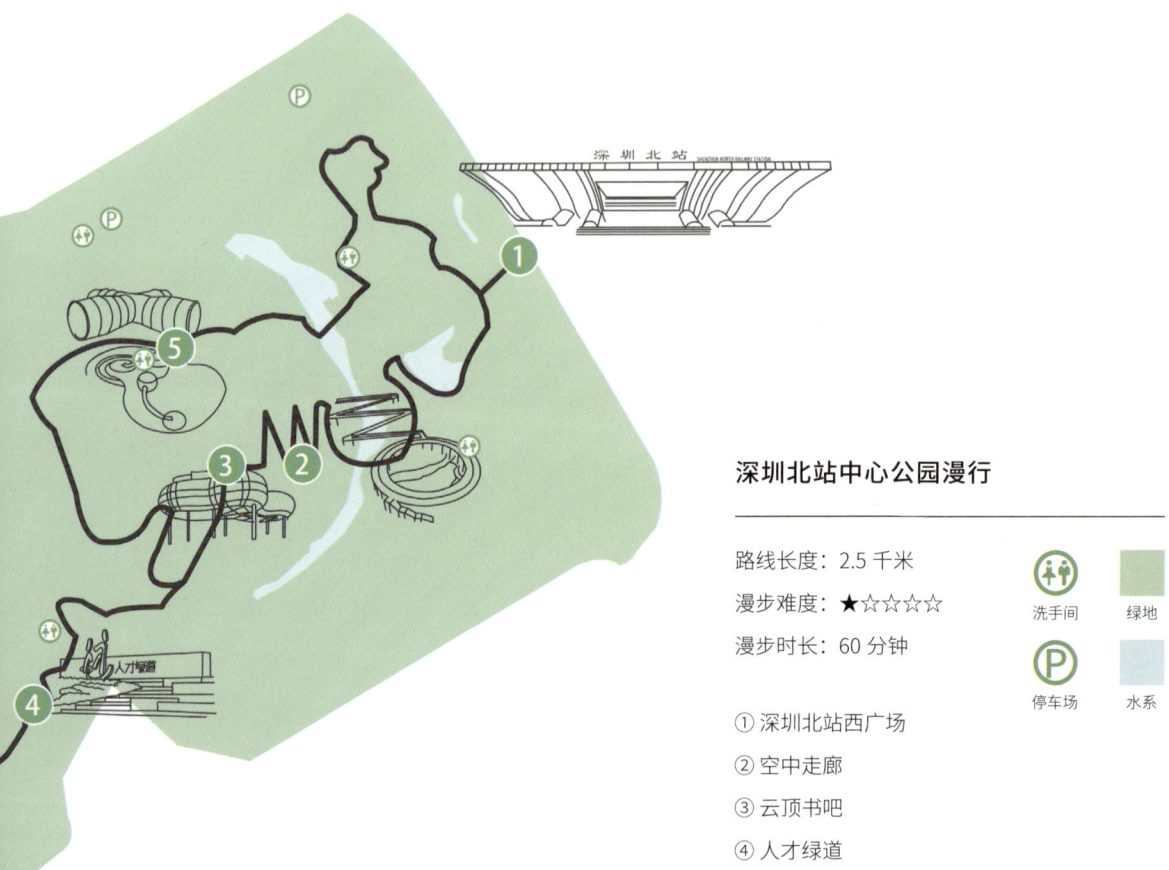

深圳北站中心公园漫行

路线长度：2.5 千米
漫步难度：★☆☆☆☆
漫步时长：60 分钟

洗手间　绿地
停车场　水系

① 深圳北站西广场
② 空中走廊
③ 云顶书吧
④ 人才绿道
⑤ 10 号星球乐园

温馨提示

◎ 起点交通指引：乘坐地铁 4 号线到"深圳北站"站 A 口出，步行 700 米左右即可到达。或乘坐公交车至"深圳北汽车站"公交站，步行约 200 米到达。

△ 空中走廊

环形花瀑·空中走廊 架在天空中的城堡

在公园入口处，便可看到架设在湖上的"环形花瀑"，这是一座以簕杜鹃花和喷雾为特色的观景平台，连接着蜿蜒盘旋的"空中走廊"。走廊由塑木和乔木搭配建造，行走其中，仿佛在林中穿梭。缓步上行，站在圆形走廊上俯视，不仅可以看到绿植葱郁的映月湖，还可以看到深圳北站。

▷ 深圳北站中心公园

△ 云顶书吧

云顶书吧·超长滑梯 活力娱乐 新潮玩法

穿过"空中走廊",便是整个公园的景观焦点——云顶书吧。这是以"云朵"为形状打造的一座具备图书室功能的建筑,取意"蓝天白云、悠闲惬意",虽然由于装修升级暂停开放,但是与深圳北站遥相呼应的观景平台,还是吸引了很多市民前来拍照打卡。

从云顶书吧观景平台向下,一条超长的山坡滑梯呈现在眼前。这条滑梯根据山坡地势设计,银色不锈钢的造型蜿蜒向下,与绿色山体完美地融合在一起,为公园增添了活力和新潮的气息。

人才绿道·群贤广场 在人才的道路上奔跑

漫步在公园的环山步行道上,全国首个以人才为主题的绿道就在脚下。人才绿道全长约6.6千米,将人才元素融入绿道景观,最终通往群贤广场,寓意汇聚天下贤能之才。

群贤广场还连接了改革之路、人才驿站两个景点。改革之路是一段蜿蜒曲折的阶梯,每登一段台阶都标注了一个深圳人才工作改革创新的重要年份。人才驿站则提供阅读、休闲及咨询等服务。

这里也是公园绝佳的观景平台。坐在广场上,看傍晚时分的绝美夕阳映照在城市中,体验不一样的北站风光的同时,探寻一份属于自己的宁静。

10号星球乐园 孩子们的天空城堡

从云顶书吧下来,沿着西北方向走过"星光草坪",就来到了"10号星球乐园"。这个乐园以太空探索为主题,是龙华区首个星球主题儿童游乐园,也是北站中心公园送给孩子的一份特别礼物。

10号星球乐园设置了滑梯、沙池、秋千等游乐设施。最受孩子们喜爱的,就是三个飞碟连接而成的"外星人的UFO(不明飞行物)",内有两层空间,分别通往上下两个滑梯,滑梯下均铺设了沙池,是孩子们到北站中心公园的必玩项目。

△ 10号星球乐园

PING SHAN

坪 山

草木生春色 悠然见坪山

　　坪山是一个年轻的行政区。因为年轻，脚步所及，感受到的是处处萌动的生机与自由鲜活的想象力。作为深圳未来的东部中心，坪山承载着一个城市崭新的梦想。

　　虽然这里是高新产业聚集高地，但坪山着力建设的首先是创新的自然生态体系。在这片 166.3 平方千米的土地上，坪山河贯穿全境，23 座水库星罗棋布，146 千米的绿道穿行其间，59 座公园近在咫尺，空气质量和河流水质都力争全市最好，全域就是一座"没有围墙、永久开放"的自然博物馆。

　　漫步坪山，是信息密度很大的漫步体验。一边是先锋的城市文化聚落，一边是古老的"大万世居"围屋；远处是飞流直下的马峦山瀑布群，近处是静静泛波的燕子湖；路旁有比亚迪的现代园区，山下有金龟村的淳朴田园；有红色东纵文化，有绿色自然书房……经过或者停留，浏览或者深读，都能领会到她骄傲的历史与更骄傲的未来。

坪山中心区
建筑很自然 自然很艺术

走在坪山中心区，能感受到什么叫"后来者居上"。兴建中的城市核心起点就够精够美，这是一座被着力打造的自然、文化、科技相结合的新城。2022年10月，随着通往坪山的"深圳地铁东部快线"14号线的开通，去坪山变得更加便捷。漫步坪山中心区，有两个重要地标不可错过：中心公园和与它相邻的坪山文化聚落。

坪山区中心公园是坪山城区自然地标，是一个占地24万平方米的超大湿地公园，内有滨湖休闲区、阳光大草坪、超长跑道、全年龄段儿童活动区等，男女老少都可以在这里找到自己的游园之趣。

坪山文化聚落由坪山区图书馆、美术馆、展览馆、演艺中心、书城及剧院组成。各具特色的现代建筑在2019年完全建成后，为坪山人带来了丰富的文化生活和艺术体验，成为坪山当之无愧的文化地标。

从地铁14号线坪山广场站出来，就来到了坪山中心区。漫步路线从中心广场出发，前往坪山公园；穿过公园，就是坪山文化聚落，看书、看展、听音乐会，可以随意安排。

坪山区中心公园漫行

路线长度：1.5 千米

漫步难度：★☆☆☆☆

漫步时长：30 分钟

①坪山区中心公园
②坪山区图书馆
③坪山区美术馆（汇德路4号）
④坪山大剧院

洗手间　停车场　绿地　水系

温馨提示

◎ 起点交通指引：乘坐地铁14号线到"坪山广场"站D1口出，步行500米左右即可到达。或乘坐公交车至"坪山文化聚落"公交站，步行约80米到达。

坪山区中心公园 湖水映照的都是好时光

△ 坪山区中心公园

没有围墙的开放式公园——坪山区中心公园，是这场漫步最合适的起点。

公园的主入口在东南门，入园即可看到波光粼粼的蓝色湖面，一池水让整个公园有了灵性。沿弯弯曲曲的滨水休闲步道前行，路旁树木枝繁叶茂、清幽秀美。

北行经过红木拱桥，就来到了滨水休闲广场，沿湖铺展的大片草坪上，生长着冠盖丰茂的大树。树荫之下，繁花之畔，是在这里生活的人们，他们正在享受公园里悠闲幸福的时光。

和湖区一路之隔的，是1.3万平方米的巨大阳光草坪和双环智慧跑道。大草坪保留了场地原有榕树、灌木丛等景观基底，自然景致和生活气息相互交融。在这里，或是懒散而坐，或是奔跑追风，你都可以在自然的怀抱中感受身心的自在。

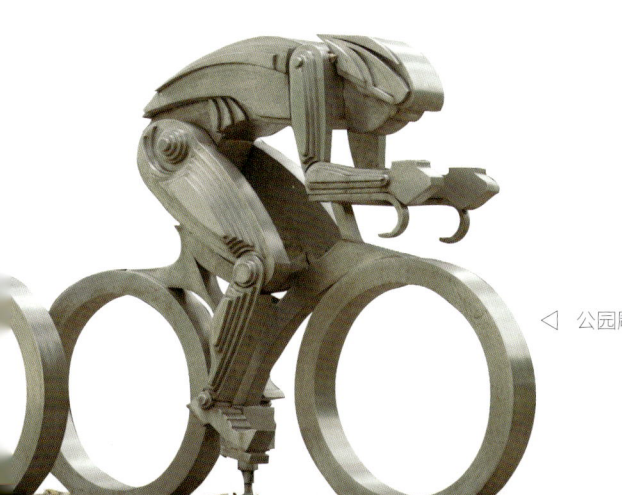

◁ 公园雕塑

坪山区图书馆 风吹哪页读哪页

从坪山区中心公园自然艺术步道走出来,就能看到坪山文化聚落的第一站——坪山区图书馆。图书馆外观形似被风翻动的书页,引人遐想。建筑内则采用绿色照明、自然通风等设计,处处体现坪山的生态理念。

坪山区图书馆于 2019 年开放,建筑面积约 1.3 万平方米,共 10 层,一层一个主题。全馆拥有阅览座位 800 余个,总藏书量为 120 万册。除传统的图书借阅空间,馆内还有星光书屋、绘本馆、公共阅读文化体验馆、大家书房、音阅空间等特色功能区域。整个图书馆由浅灰色水泥及白墙打底,大面积落地玻璃窗明亮轩敞,再加上高大的白色书架,营造出清雅而舒适的阅读空间,让人因环境而更加热爱读书。

△ 坪山区图书馆

坪山区美术馆 新都市的新锐艺术空间

图书馆南边,即是坪山区美术馆。9900 平方米的坪山区美术馆占据着文化聚落的中心位置,是一座聚焦当代艺术的新都市美术馆。

美术馆建筑本身就是一件极富先锋气质的设计作品。整个场馆由建筑师董功担纲设计。展览馆结构呈 L 形,它漂浮在三四层楼的高度,为下部城市空间创造了很好的活动场所。展馆大量采用灰色清水混凝土做建筑墙面,立体叠落的整体空间结构,加上内部各处大尺度不规则构造的奇妙设计,光影交错、简约大气。

坪山区美术馆虽然 2019 年才成立,却已举办了不少

△ 坪山区美术馆

反响甚佳的艺术展,已经成为了深圳人到坪山必打卡的网红文化地标之一。

坪山大剧院 个性鲜明的戏剧魔盒

从坪山区美术馆往南走 300 米，就到达坪山文化聚落的最后一站——坪山大剧院。从远处看，剧院外观犹如一个戏剧方盒，随时准备让打开它的人感受其中蕴藏的美妙。外立面在灰色的横条纹基调上，大胆采用蓝色与红色，风格鲜明时尚。

大剧院设有 1200 个座位的综合剧场和 260 个座位的多功能"黑匣子"小剧场。综合剧场墙面采用非平面波浪形墙体，搭配各种灯光与音响设备，沉浸其间，定是一种非凡的享受。剧院顶楼的空中花园是一个不错的观景点，从这里往下看，是坪山区中心公园美丽的湖景和繁华的城市景象。

温馨提示

◎ 开放时间：

坪山图书馆：周二至周日 9:00-21:00，周一闭馆。

坪山美术馆：周二至周日 9:00-17:00（16:30 停止入场）。

坪山大剧院：依演出时间而定。

△ 坪山大剧院

坪山河畔
幽静向左 繁华向右

作为坪山人的母亲河，坪山河如丝带一般，从西南至东北穿越了坪山区。它安静地流过大地，滋养着沿途生命，也为人们带来别样的风景。

燕子岭生态公园就坐落在坪山河畔。从这里信步而出，沿着坪山河缓缓东行，是一段闲静的路程。日光一寸寸落下，洒在被水岸滋润的绿意上，沿岸是三三两两的垂钓者。偶尔有小朋友嬉笑着跑过，搅动了这安静又单纯的风景。

河的另一边，矗立着燕子湖国际会展中心庄重精美的建筑群，以及正在兴建的深圳自然博物馆。或许这就是行走在坪山河畔的特别之处，静谧与喧腾、诗意与市井，像一个层次丰富的拼图，构成了坪山河独有的味道，却也最打动人心。

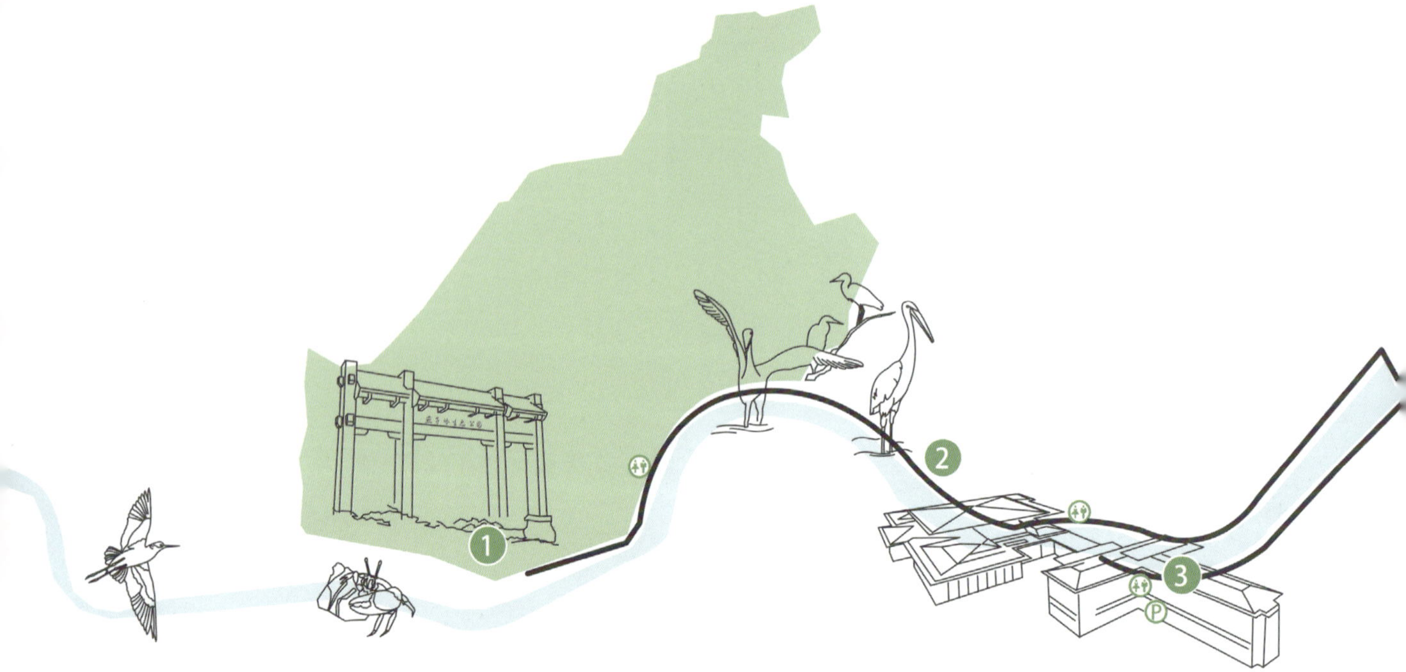

深圳坪山河漫行

路线长度：3 千米

漫步难度：★★☆☆☆

漫步时长：46 分钟

① 燕子岭生态公园
② 坪山河东段
③ 坪山燕子湖国际会展中心

洗手间　停车场　绿地　水系

温馨提示

◎ 起点交通指引：乘坐地铁 14 号线到"坪山广场"站 D2 口出，步行 200 米左右即可到达。或乘坐公交车至"燕子岭公园"公交站，步行约 50 米到达。

燕子岭生态公园 燕子湖畔半日闲光

倘若是个悠闲的午后，想去户外走走，燕子岭生态公园是个不错的选择。位于深圳市坪山大工业区中心区的燕子岭生态公园，东靠荔景路，西至龙坪路，北与金牛西路为邻，南侧则被坪山河环绕。

从南门进入，便可看到几条崎岖的路向园内延伸。公园依托原有的山体建设，多为登山路。园内游客不多，大多是附近的居民来此休闲健身。山坡上高低不一的植被向着小径生长，顺势挡住了炽热的日光。

在这里，你总能找到适合自己的节奏。可以一步一个阶梯登上山顶，走进春晖阁凭栏远眺，远处的山峰逐渐淹没在云中，半个坪山尽收眼底。也可以带上家人，在景观湖前的开阔地打球玩耍。或者去幽静竹林中的清青茶舍，消遣一壶，偷得浮生半日闲。当然，你也可以什么都不做，只是安静地散步，微风拂面，万物入耳，感受这般缓慢的日常光景。

△ 燕子岭生态公园

坪山河湿地公园 聆听生命的欢歌

出燕子岭生态公园，沿着坪山河走，很快就能看到坪山河湿地公园。公园沿坪山河呈带状分布，西起燕子岭附近，东至兔岗岭水陂，为自然湿地。

踏入这块区域，花香、青草香以及脚下的泥土味扑鼻而来，凸显了湿地公园鲜明的"气"质。公园内植物繁多，乔木、灌木、竹类和一些水生植物缤纷错落，依次涂抹着季节的色彩。这里还有一条石板水路，一步一石板，不打断脚下的水流潺潺。

湿地是多彩的生命天堂。白鹭、矶鹬在水面上起舞；花狭口蛙卖弄着自己的歌喉；还有各种蝴蝶在花丛中流连。一路走过，却是处处惊喜。

△ 坪山河航拍

坪山燕子湖国际会展中心 听见世界看见坪山

隔着坪山河望去，可看到燕子湖国际会展中心。这是深圳东部首个集展览、会议、五星级酒店于一体的高端国际化会展综合体，与深圳会展中心、深圳国际会展中心形成"一城三馆"格局。

燕子湖国际会展中心具有浓浓的中式汉唐风，与周边的民居风格形成鲜明对比。除了举办展览、会议等，坪山燕子湖国际会展中心的五星级酒店也为远道而来的客人提供精致的粤菜和日式料理。

▷ 燕子湖国际会展中心航拍

📖 扩展阅读

深圳自然博物馆 人工与自然合成的新地标

建设中的深圳自然博物馆选址于坪山燕子湖片区，与燕子岭生态公园隔河相望，这里被誉为"山水会客厅、活力新中心"。博物馆集收藏、展览、研究和自然科普教育于一体，建成后将成为华南地区首座大型综合类自然博物馆，也是深圳市"新时代十大文化设施"之一。

深圳自然博物馆以"河流"为主线，打造以"三角洲"为名的建筑景观设计概念，在燕子岭和燕子湖之间形成一处生态融合空间。除主体建筑外还建有屋顶植物花园、阶梯式湿地岛屿和蜿蜒滨河公园等交互式公共场域，是深圳一个冉冉升起的新地标。

△ 深圳自然博物馆效果图

坪山儿童公园 用一米的高度看世界

坪山儿童公园是全市第一个已建成的区级专类儿童公园。这个马峦山旁的公园有着得天独厚的条件，高低不一的地形不仅没有成为"绊脚石"，反而完美契合了爬梯、滑索等游乐设施。园内的荔枝林独享一隅，辅以平衡木等设施，成为儿童游玩、休憩、攀爬的亲子空间。

奇妙滑行、沙漠爬梯、活力城堡、趣味爬网、水动力乐园等20项无动力游戏设备分布在园区各个角落，亲子时光温馨动人。公园还通过科普湿地、雨水花园、生态旱溪等有趣的方式开展儿童生态教育。

△ 坪山儿童公园

GUANG MING

光 明

从田园牧歌到科技神话

在深圳人的记忆里,光明是个充满田园之乐的地方。山水丰茂的光明农场有着肥美土地,在这里可以种瓜摘果,骑马滑草;喝光明牛奶,吃光明乳鸽,足足快活一整天,足以调和都市生活中的繁忙。

而今,行走光明,一天显然不够。虽然全新打造的光明小镇依然有着春田花花、麦浪滚滚,但新都市生活已然成为光明的主旋律。苍茫林海之上,一条蜿蜒4000米的红色钢结构空中栈桥让光明的户外生活飞扬起来。这条"红飘带"把城里人的脚步牵引到开阔的山水之间,也把大众的目光吸引到这片高颜值城区中来。

光明区是深圳最年轻的行政区,156.1平方千米的土地有53%的面积在生态控制线以内,除了山水林田湖等生态景观,还拥有深圳44%的基本农田和204个公园,而满目葱茏之中,一座世界瞩目的科学城已初具规模,前沿科技与田园牧歌在这里奇妙融合。

环虹桥公园片区

科学新城的绿意后花园

"光明之眼"光明文化艺术中心是你了解光明的便捷起点，这里也是光明瞭望世界的窗口，艺术与生活交织相融，充实了闲暇时光。走出光明文化艺术中心，踏入新城公园，可以感受新兴城区的清新味与烟火气。穿过新城公园一路东行，一抹醒目的中国红映入眼帘，便来到了虹桥公园，盘山而上的红飘带，流露出未来之城的洒脱。先锋与淳朴、幽静与繁华，共生一城，这就是被科学之光照亮的生态光明。

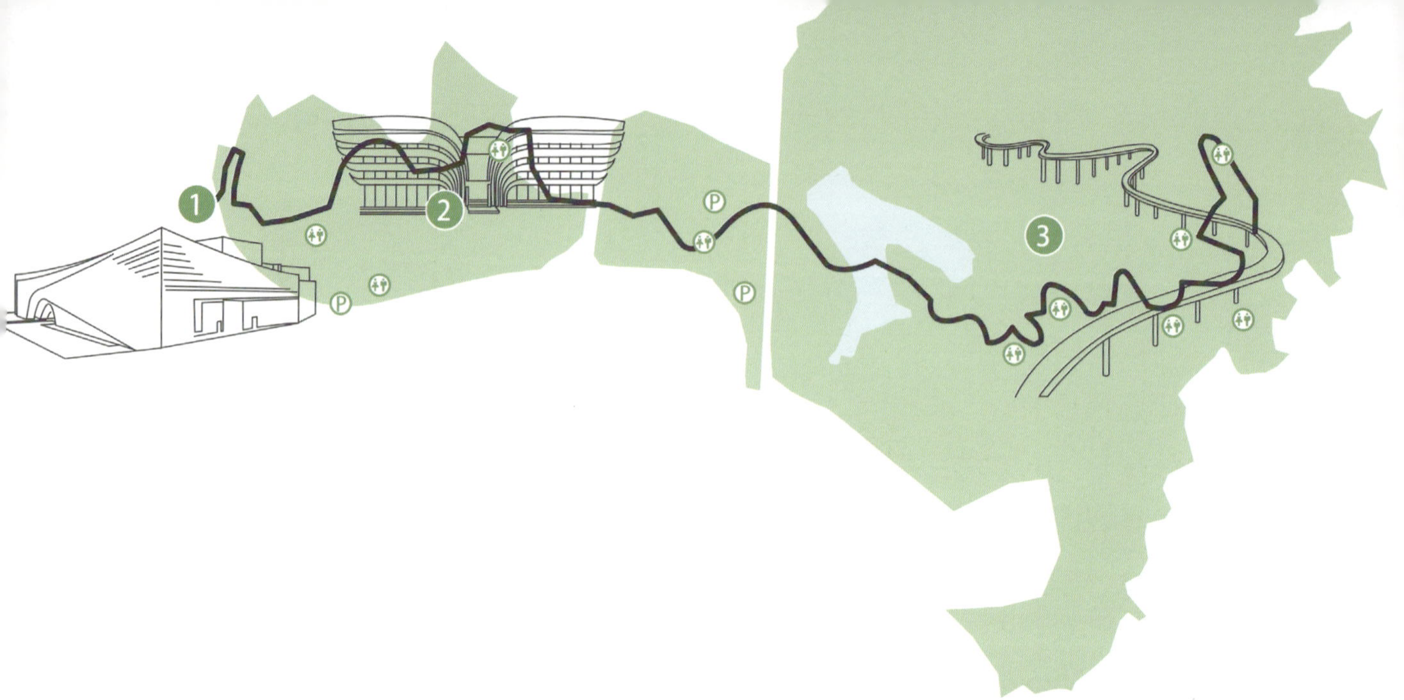

环虹桥公园片区漫行

路线长度：7 千米　　① 光明文化艺术中心
漫步难度：★★★☆☆　② 光明新城公园
漫步时长：150 分钟　③ 光明虹桥公园

 洗手间　　绿地

 停车场　 水系

温馨提示

◎ 起点交通指引：乘坐地铁 6 号线到"凤凰城"站 B 口出，步行 900 米左右即可到达。或乘坐公交至"光明大道换乘站"，步行约 800 米到达。

光明文化艺术中心 徜徉在艺术与生活之间

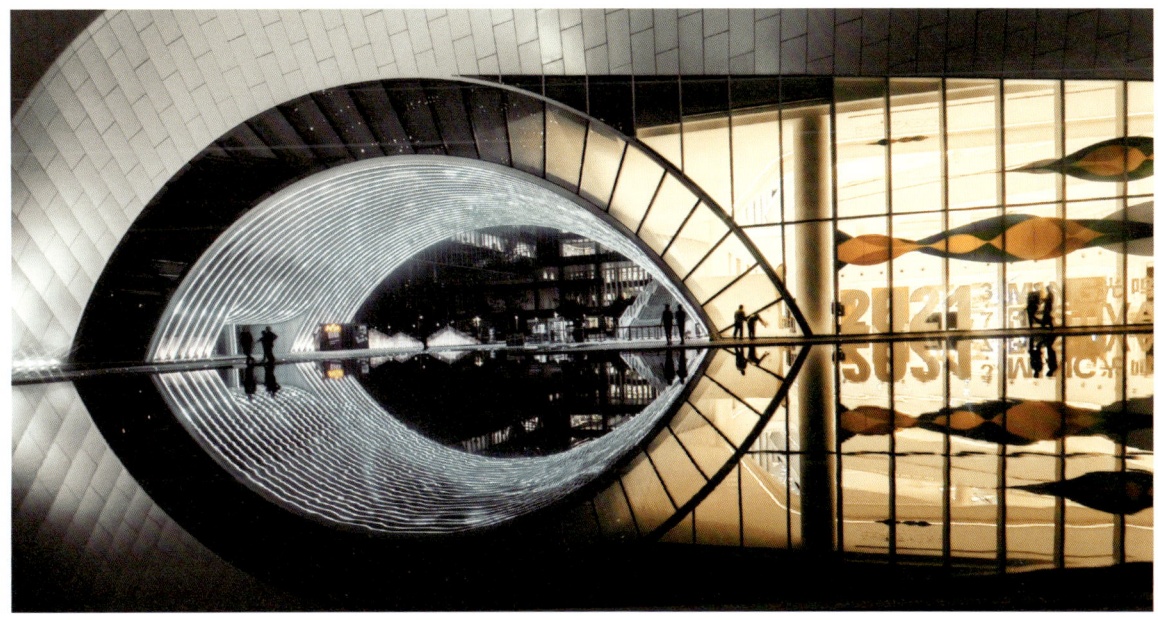

△ "光明之眼"

光明文化艺术中心是光明的新地标。从凤凰城地铁站走出，便能看见这座白色外墙与玻璃幕墙结合的"回"字形山水庭院建筑，岭南民居叠院的设计风格与现代科技时尚气质完美融合，使这里成为光明一大吸睛建筑。拱形的入口是艺术中心最具标志性的打卡点，拱门与水面的倒影形成一只瑰丽的"光明之眼"，注视着光明的日新月异。夜幕降临，拱门灯光璀璨，熠熠生辉。白日的清新，夜晚的明媚，每一面都能触达我们内心对美的向往。

除了高颜值，光明文化艺术中心也承载着城市丰满博大的精神世界。这里集演艺中心、美术馆、图书馆、城市规划展览馆、文化综合区于一体，是深圳北部片区规模最大、功能最全、设施最完善、建筑智能化水平最高的文化艺术综合体，也是光明的城市文化会客厅，不同年龄不同爱好的市民都能在这里找到一方属于自己的精神乐土。

演艺中心

穿过"光明之眼"，就来到了演艺中心。这里有1500个座位的大剧院、452个座位的音乐厅、排练厅等空间，国内外戏剧、舞蹈、交响音乐会、演唱会、大型会议等各种专业演出及活动轮番上演，为光明人带来一场场极致艺术视听体验。

光明区图书馆

沿着长长的台阶徐步而上,左侧便是图书馆。这里书香与美景相伴,你可以选择在窗边沐浴着阳光浏览图书,可以坐在沙发上以最舒适的方式享受阅读,也可以找一个安静的座位专心致志自习。图书馆内,旋转玻璃书塔是备受欢迎的打卡点,书籍与楼梯融为一体,每登一步都有书籍相伴,徜徉在书海,美好在心怀。

12 岁及以下的儿童可以前往一楼独立对外的儿童阅览区,这里是亲子阅读专享地带,整齐摆放的绘本正等待着开启它的小主人,软座平台、卡通坐垫、儿童座椅,一切对儿童友好的设施只为给孩子造一场美好的"童话梦"。

光明区美术馆

台阶右侧,与图书馆相对的便是美术馆。"书绘墨韵"主题的美术馆以黑白灰为主色调,简约时尚之美体现得淋漓尽致,馆内的螺旋楼梯随手一拍都可拍出高级大片。

美术馆内设 3 个艺术展厅,这里常举办多种形式的专业及商业艺术展览,为市民提供沉浸式艺术体验空间,更结合光明科学城特色引入多媒体艺术展览,让人近距离领略区别于传统展览的数字艺术魅力。

文化综合区

近 7000 平方米的文化综合区,镶嵌在文化艺术中心,休闲餐饮、品牌培训、文创工坊、艺术家工作室等,使这里更富有生活的气息。还有各类文化活动让人目不暇接。

从室内走出,夜幕降临,艺术中心的户外别有一番景象。水面的小喷泉焕发活力,一楼的广场开始热闹起来。

△ 光明区美术馆的螺旋楼梯

△ 文化综合区

随着轻快的音乐,屋顶洒下有节奏的光点,孩子们奔跑打闹,现实情景剧在这里温馨上演。

△ 光明区民政局婚姻登记处

新城公园 推窗见绿 出门入园

与光明文化艺术中心临街相对的，是"光明人的后花园"新城公园。新城公园依牛山而建，有着完整的游览环路、登山健步径、特殊体验径和自行车游览道，是展示光明绿色、人文、科技理念的门户公园，也是光明人家门口的休闲好去处。

深入新城公园，别有一番天地。新城公园内设有园中园——光明人口文化公园，公园以"家"为主题，通过雕塑展现家庭和谐的文明风气；前行途中，还可以偶遇光明区民政局婚姻登记处，这座"光明之翼 执子之手"的主题建筑，让这里成为爱情主人公最爱的打卡点，不断见证着一个个光明爱情故事。

最受欢迎的莫过于五彩斑斓的儿童乐园，滑梯、秋千、爬网、攀岩、挖沙等各种设施，让孩子能在此度过一下午欢乐时光。如果三五好友想约场专项运动，也可以前往紧邻新城公园的光明区群众体育中心，在各类场馆中感受运动的酣畅淋漓。

虹桥公园
万绿丛中红飘带

沿着新城公园东行，在林荫小道间感受片刻宁静，不知不觉，一抹鲜亮的红色打破了眼前环绕的绿色氛围——虹桥公园赫然出现在眼前。抬头望去，虹桥蜿蜒灵动，将公园、城市、森林相连，如"红飘带"缠绕林间。虹桥红、天空蓝、森林绿，自成一幅浓墨重彩的画卷。

虹桥公园以"一轴三区"进行规划，一轴为虹桥，三区为入口运动区、碧湖运动区及森林运动区，每个区域都有着不一样的风景等待游客去探寻。

虹桥

全长4千米的虹桥，是全国第二大钢结构单柱多曲景观桥，它如一条红丝带环绕在森林公园间，高饱和度的红色让虹桥公园成为深圳公园界的"顶流网红"，塑胶跑道的桥面，5%的坡度设计使各年龄段的游客都能轻松漫步而上、沉浸林间。

入口运动区

即使不登上虹桥，流连于公园入口，也乐趣十足。入口运动区设置了儿童游乐场和各种球类运动、棋牌桌游等娱乐设施。你可以坐在游客服务中心屋顶红彤彤的大台阶上，俯瞰这森林与城市的交界地带释放着青春与活力；也可踏上红色的旋转楼梯，目之所及，一面是繁华的城区，一面是无边的林海。

虹桥公园

光明 从田园牧歌到科技神话　　253

碧湖运动区

穿过平地，往森林方向前行，映入眼帘的是碧眼水库。铺上野餐垫席地而坐，看虹桥串起湖水的灵动与森林的深邃，享一刻自由时光。运动研发中心、航海模型场地、BMX 泥地竞速场地、BMX 自由竞速场地、滑板运动场地、车辆模型场地……未来，环湖游径还将为不同年龄段及不同体能条件的市民开展各项运动提供场地。

虹桥公园自然教育中心

行走在绿林环绕的虹桥上，不多时就来到了南入口广场附近，只见一幢设计感十足的现代建筑在森林间格外显眼，它有着与虹桥同出一系的亮眼红色。这是光明区首座综合性自然教育中心——虹桥公园自然教育中心，其中包含了自然生态展馆、森·书房、自然教室等空间。参观者可以通过观看生态大展、参加自然研学活动、赏析自然生态纪录片，沉浸式体验虹桥公园的自然之美与丰饶生态。

登上二楼，这里是光明区图书馆森·书房特色分馆。你可以随手翻阅自然书籍，感受人与自然的和谐共生，抬眼望玻璃窗外，满目是郁郁葱葱的森林，别有一番清幽。

森林运动区

沿着虹桥蜿蜒而上，随着高度不断上升，眼前的风景愈加开阔。在这里，你可以俯瞰光明高尔夫球场里悠闲的练球人，远眺光明科学城通明的灯火，感受远离城市喧嚣的萧萧山风，全身心埋入绿色森林怀抱之中，在大自然的氧吧里闲散地行走，以最自然的方式回归于自然。

△ 虹桥公园自然教育中心

虹桥途中还设置了景观塔，可供游客登高望远；行至终点处，登上地标性的终点塔打卡留念，将城、湖、林一览无遗。

结束漫步后，一定要前往光明招待所，品尝"光明三宝"——红烧乳鸽、牛初乳和甜玉米，方可尽兴而归。

温馨提示

◎ 最佳游玩时间是 16:00-18:00，既不用迎着烈日行走，又能领略夕阳下璀璨的虹桥之美。

◎ 4 千米的虹桥不是终点，走完虹桥就来到了大顶岭绿道的中间段，左行 3.6 千米是生态滑草场，右行 2.82 千米是观光路，或者也可以选择原路返回，继续步行 4 千米回到虹桥入口处。

📖 扩展阅读

鹅颈水湿地公园 都市里的幽静芳洲

如果你想领略深圳的湿地自然风光，了解城市与河流的故事，就来走走鹅颈水湿地公园吧。公园所在地块地势平坦，经鹅颈水、茅洲河干流等鲜活水源常年滋养，域内动植物种类极其丰富，一年四季芳草鲜美、鸟语花香，是都市人亲近自然的天然课堂。

入园踏上青石板铺筑的质朴小径，穿过南国常见的绿植，视野愈发开阔。不远处是由一汪汪清潭构成的花溪叠瀑，潭中睡莲朵朵、荷叶点点，游鱼欢嬉其间，潭边的灯芯草随风摇曳，氛围清幽。一望无际的花海中，忽地一段婀娜蜿蜒的红木栈桥"奔放"地进入视野，栈桥两侧错落有致生长着十余种挺水植物，美人蕉粉红、再力花淡紫、黄花鸢尾枝叶油绿……形成生机盎然的湿地生态景观。

目光越过姹紫嫣红的花海向深处挺进，可见三座茅草亭的黄色尖顶，那是几乎被幽深花海湮没的观鸟亭。沿着红木栈桥继续前行，你将一路跨过烂漫花海，踏过丰茂春草，耳闻鸟儿啾啾欢啼，品味湿地世界的勃勃生机。

在栈桥的尽头转入红色的小道，走向光斑长廊，那里有一片清澈的湖泊，湖中碧荷连绵，沿岸小丘芳草茵茵，湖畔水草亭亭丛生……层次分明的绿色调中，一抹亮眼的红色圆形亲水平台，成为欣赏落日的好去处。

如果在春夏时节来访，你还能见到湖中粉荷、睡莲竞放的盛况。

△ 鹅颈水湿地公园

温馨提示

◎ 公园正门设在东长路（南北向）路边，与停车场入口相邻，停车场内现有 40 个小型车位可供市民游客使用。如搭乘公交车前往，可以在"东长路口"公交站台下车，步行约 500 米，从设在光明大道和东长路（南北向）交会点处的次入口进入公园。

DA PENG

大　鹏

星空下的海誓山盟

　　如果说，深圳是个被时代眷顾、被自然恩宠的地方，那位居东南、被大亚湾和大鹏湾环拥的大鹏半岛，则是她深藏不露的桃花源。深圳的别名"鹏城"，便来源于这座半岛上的一座古城。

　　来自海洋的暖湿气流沿着巍峨的七娘山向上蒸腾，以丰沛的降水、缭绕的云雾，滋养了一个缤纷丰美的自然世界。这里是国家级生态文明建设示范区、国家级生态文明先行示范区、国家级海洋生态文明建设示范区和国家级海洋牧场示范区；这里有一座国家级地质公园，有深圳唯一的国家级历史文化名村——大鹏所城，有"中国最美八大海岸"之一的大鹏半岛海滩，有中国第一个国际暗夜社区……

　　大鹏新区面积600平方千米，拥有128千米的海岸线、40多个黄金沙滩、近50个公园，森林覆盖率达77.49%，野生植物种类占深圳市的70%。整个大鹏半岛就是一座天然的大公园，每一眼，都是草青花香；每一步，都是海阔天空。

沙鱼涌

蓝色是海 红色是荣光

当你沿葵涌河往入海口方向走,就会看见位于盐坝高速公路葵涌出口处的葵涌生态体育公园,这是一条景观丰富的滨水休闲带,也是一条令人心潮起伏的红色文化长廊。它一路衔接着葵涌河、三溪河、西边洋河等河流,也串联起土洋村东纵司令部旧址、沙鱼涌东纵北撤纪念公园、岭南文化博物馆等人文地标。而路线的终点沙鱼涌海滩,是看日落的好地方。1946年6月30日,令日寇闻风丧胆的东江纵队就是从这里北撤烟台。当你迎着海风,目送太阳西沉,那些发生在这块土地上的关于理想与牺牲的故事,会忽然如潮涌起,令你心潮澎湃。

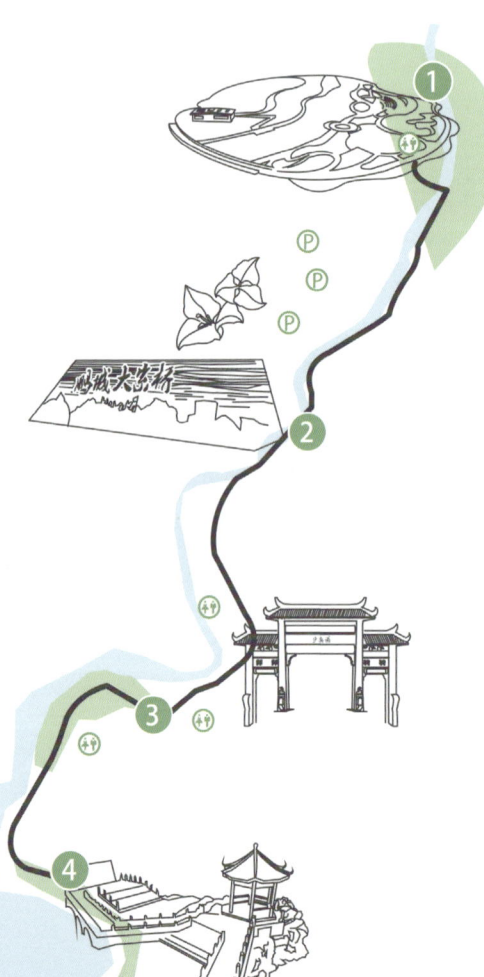

沙鱼涌漫行

路线长度：3.1 千米

漫步难度：★★★☆☆

漫步时长：43 分钟

① 葵涌生态体育公园
② 鹏城大索桥
③ 沙鱼涌古村
④ 沙鱼涌沙滩

洗手间　绿地

停车场　水系

温馨提示

◎ 起点交通指引：乘坐地铁 8 号线到盐田港西站 A2 口出，步行 200 米左右到达"周大福大厦"公交站，然后乘坐公交车至"虎地排"公交站，步行约 350 米到达。

△ 葵涌生态体育公园的儿童乐园

葵涌生态体育公园 让运动充满趣味

葵涌生态体育公园，是一个总面积达7万平方米的运动主题公园。公园分布在河的两岸，由两座廊桥相连，从这一头走到那一头，需费些脚力。这里不仅能满足居民滨水休闲游乐体验，还是一个能运动、读书、遛娃的好去处。

葵涌生态体育公园的儿童乐园很有特色。这里包含主设备体能运动区、地形游戏探索区、戏水区等。乐园内的超级大蹦床是热门打卡地，很难忍住不去蹦一下。

此外，公园里旋转吸盘、错综复杂的攀爬网、超大的沙池，也都深受孩子们的喜爱。在以紫色为主色调的乐园中，嬉戏欢笑的孩子与满园的水波花树，共同绘出一幅美好生活的实景画卷。

△ 观光廊桥

观光廊桥与文化书吧 安静的书香一隅

站在"白鹭亭"观光廊桥上,郁郁葱葱的公园美景一览无余。波光之上,白鹭低翔,"白鹭亭"大约由此得名。廊桥下方有文化书吧,当你停驻于此时,可以看一会儿书、临几幅字。天气好的时候,窗外的阳光透过明亮的落地窗,正好照在原木色的书桌上,一并把心情也照得明亮而温暖。

沿着长廊漫步,一路山石木桥,天光水色,鲜草香风,令人神清气爽。

鹏城大索桥 亲水露营网红地

从葵涌生态体育公园,沿着河边小道一路南走,约15分钟便到达沙鱼涌景区门口。看到石牌坊上"沙鱼涌"三个字后,往前走到第一个岔路口,下阶梯,便能看到一条横亘峡谷两岸的索桥。

从桥下望出去,可以看见一道瀑布顺山势而下,汇成涓涓细流,在桥下形成一片河谷。这里的河面较宽,即便是丰水期,水面也仅仅没过脚踝。岸边的浅滩水位极低,河水从礁石上流过,特别适合小朋友游玩。由于近山,大索桥被绿树环绕,水流声与鸟鸣声交汇,让人倍感舒适,也因此成了露营玩水的网红地。

温馨提示

◎ 河边可以搭建帐篷、天幕、摆放桌椅,可以使用卡式炉,禁止使用明火。

△ 沙鱼涌古村

沙鱼涌 山海间流传的英雄故事

从鹏城大索桥回到主干道，如果精力充沛，可以朝着葵涌河入海口方向继续前行，约 10 分钟就能抵达沙鱼涌——这是一座拥有 500 年历史的古村落。

沙鱼涌古村目前还保留了 98 栋民居。走在古村的大街小巷，入眼尽是民国风的壁画和雕像。村内有不少主题客栈和特色民宿，不少深圳人周末会到此旅游。

这个安静的小村，其实深藏着一段荡气回肠的革命历史。抗战时期这里曾是东江纵队的根据地之一，在著名的文化名人大营救中，廖承志等多位名人便是在沙鱼涌登岸脱险。1946 年，东江纵队也是由此登船北撤烟台。

从古村一路向入海口走，有沙鱼涌红色记忆纪念馆、东江纵队群雕、百年变迁史话铜雕墙。在这里，你能感受到先辈们浓浓的家国情怀。 从古村到沙鱼涌海滩要翻一座小小的山头，快到海滩时，会有一种豁然开朗的感觉。穿过海边屹立的巨型礁石，可以看见一块巨型石碑伫立在

△ 东江纵队北撤纪念碑

路的尽头。石碑上写着"为了坚持国内和平，从此登船北撤山东"。漫步至此，望海天一色，看夕阳西下，心中浮动的却是一派壮怀激烈。

温馨提示

◎ 海滩属未开放区域，不可下海游泳。

◎ 从景区门口到沙鱼涌海滩距离较远，有景区观光车，10 元 / 人。

坝光银叶树湿地园

在老村的记忆里徘徊

除了崎岖的海岸、蜿蜒的山岭，大鹏的海边还散落着许多幽静的老村。世界早已沧海桑田，而它们依然沉睡在时光深处。坝光就是这样一个地方。如果说"伊甸园"是西方的一个传说，"桃花源"是东方的传说，那么位于大鹏半岛的坝光古村，则是深圳的传说。穿梭在那些盘根错节的古树之间，我们得以回望大自然漫长时光的一瞥，领略一份繁华都市稀缺的古意与野趣。

围绕古银叶树群落，这里建起了银叶树湿地园。北部是公园主体，包括文化景观体验、休闲娱乐体验、湿地生态体验三大主题区；南部则是森林原野探索主题区。经过修葺的盐灶古村，保存了原有的建筑，还建有客家风俗博物馆。在湿地园内漫步，就像在百年时光长河里路过，感受着岁月的缓缓流动。

坝光银叶树湿地园漫行

路线长度：1.5 千米

漫步难度：★☆☆☆☆

漫步时长：40 分钟

① 坝光银叶树湿地园入口
② 盐灶古村
③ 古银叶树群落
④ 湿地生态体验区

 洗手间　 停车场　 绿地　 水系

温馨提示

◎ 起点交通指引：乘坐公交车至"白沙湾江屋山路口"公交站，步行约 1.6 千米到达。

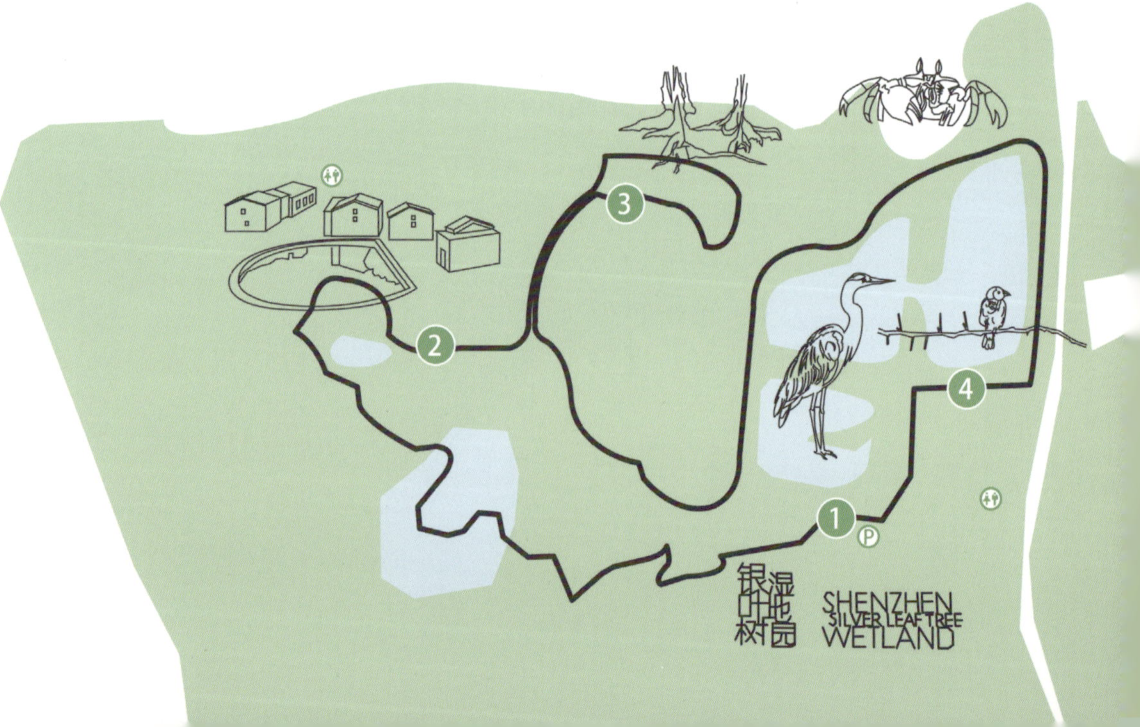

盐灶古村 岁月遗落的人间烟火

△ 盐灶古村

　　穿过棕红色的曲桥，沿着湖堤走，隔着薄薄的云雾，就会看到木梁青瓦的老屋隐现于草木之间，这便是盐灶古村。数百年前，客家人来到盐灶，用陶魂坛盖盛海水煮盐，用后将煮盐陶罐盖放在"灶头角"，引申为煮盐的海湾一隅，村子也就叫"盐灶"了。

　　盐灶古村内，50余栋旧村舍被藤蔓缠绕着，白墙黛瓦，木门紧闭，窗棂落尘，无一不显示出岁月沧桑。老宅如今虽已无人居住，但仍保留着原始的形貌，已被改造成客家民俗博物馆。博物馆内，陈列了盐灶人熬盐的工具、制作工艺、节日风俗习惯等文化印记，承载着客家人浓厚的乡愁。

　　在古村落里，还有一片保留完好的半月形古塘。这是客家村落特有的风水塘，塘中必引活水，取"源远流长"之意。塘中，波光云影，白鹭飞渡；塘边，栈道曲折，山鸟鸣唱，一幅具有传统客家文化风情的生活场景活灵活现。

古银叶树群落
古村的"守护神"

沿着村口往湿地园方向漫步,风水林隔开了村落与海湾,众多参天古树苍劲挺拔、盘根错节,虬龙似的老根像苍劲有力的雕塑。这里有我国乃至世界上迄今为止发现的保存最完整、树龄最大的天然古银叶树群落。

湿地园内的古树群落,以银叶树为主,夹杂着海芒果、木麻黄等乔木,连同周边的秋茄、黄槿、老鼠簕、海漆、桐花树、木榄等红树植物,形成独特的原生湿地生态系统。漫步其中,会感觉空气明显清凉,只有鸟鸣、海风萦绕耳畔,空明幽静。

湿地园的镇园之宝,是一棵树龄超过 500 年的银叶树树王。树上常年栖息着斑文鸟,红耳鹎、白鹭、黑脸噪鹛、褐头鹪莺、白头鹎等 50 多种野生鸟类。银叶树下还生长着成片的卤蕨,这是红树林中唯一的蕨类植物。

几百年来,古树与古村相依相守,古老的银叶树早已通过大地深处与盐灶村人的生命根系融为一体。置身于宁静质朴的盐灶古村,静静地坐在海岸边,望着天边正在被夕阳染上色彩的云朵,感叹时光荏苒、岁月悠长。

▷ 古银叶树

△ 坝光全景

湿地生态体验区 在沙滩上赶个海

　　在森林探索区域，有一条长 3.3 千米、宽 4 米的环水库绿道。绿道与依附在群山之间的库湖完美共生。路，像镶嵌在河坝的一条项圈；湖，宛若山下一枚闪着青光的绿叶。

　　芭蕉林、灌木丛和古老银叶树，静谧的滩涂与远方跳动的海岸线相映成趣。鲜为人知的是，这里的海滩还是个赶海的好地方，遇见退大潮的时候，海滩上布满螃蟹、花甲和各种海螺。天气晴好时，约上三五好友在这里扎营野餐、赶海、赏景，远离喧嚣，皈依自然，享受这份宁静从容，不失为一桩美事。

SHEN SHAN

深 汕

眼前便是星辰大海

鹏城之央,有座莲花山公园,俯瞰着城市的繁华风光。从深圳东部向东而行75千米,是深圳市第"10+1"区——深汕特别合作区,那儿也有一座莲花山,层峦叠翠,清幽自然。两座同样名字的山峦遥相对望,山顶的春风从特区一路吹到深汕湾畔。

深汕特别合作区原属于汕尾海丰,2018年正式成为深圳的一块"飞地"。别看它如此年轻,实际上新石器时代中晚期这里就有人类活动的痕迹,革命战争时期更是留下了无数先烈英勇战斗的印记。

深汕特别合作区不仅历史悠久,还拥有旖旎秀丽的自然人文风光。这片土地依山环水,海岸线绵长,湖泊、湿地和温泉点缀其间,赤石河上飘扬着疍家的渔歌,罗群山里上演着畲族的篝火晚会。泡温泉、吃海鲜,都是大都市里不可多得的体验。

赤石河畔
润泽之城的水岸花园

  深圳市深汕特别合作区有着与繁华都市不一样的旖旎风光。层峦叠翠的山林、浪平沙细的海滨、碧波荡漾的河湖……深汕先天拥有山河湖林田海温泉湿地等全要素自然资源，如画的自然风光对于久居都市的人来说具有不可抵挡的吸引力。将视角拉高，一条蓝色"绸带"飘绕在山间，蜿蜒经过赤石、鹅埠、鲘门、小漠四镇，从九龙湾缓缓入海，这就是赤石河。

  从上游的陆地森林到下游的滨海湿地，苍翠的群峰簇拥着逶迤的赤石河，两岸风光随着河水流淌不断变化，在上游体验竹筏漂流，感受乡野风情；到中游漫步古老村镇，品尝山海味道；去下游红树林湿地，看白鹭伴飞渔船泛波。赤石河沿岸的景点星罗棋布，凤河晚渡、羊蹄峻岭、新厝林古寨等人文遗迹无不透着古风古韵，讲述着这片土地悠久的历史，令人浮想联翩。

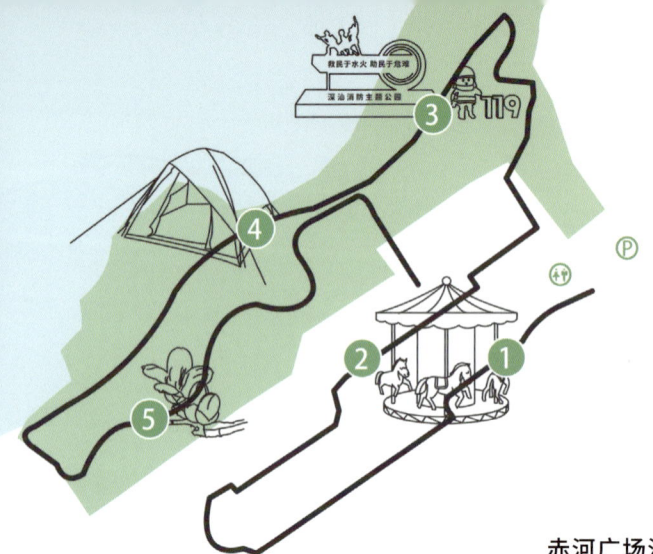

赤河广场漫行

路线长度：2 千米

漫步难度：★☆☆☆☆

漫步时长：25 分钟

① 游乐区
② 餐饮区
③ 消防主题装置
④ 帐篷区
⑤ 拍照区

 洗手间

 绿地

 停车场

 水系

温馨提示

◎ 起点交通指引：乘坐高铁到"鲘门"站出，步行 300 米左右到达"鲘门火车站"公交站，然后乘坐深汕巴士 1 路至"赤河广场"站，步行约 120 米到达。

赤河广场 深汕时尚生活第一站

△ 赤河广场

坐落在赤石河中游沿岸的赤河广场,是深汕首个"城市生态休闲会客厅",深汕第一家电影院、第一家咖啡厅、第一家麦当劳……都在赤河广场诞生,这里可谓是当地居民体验新鲜时髦生活的第一站。

从东面的停车场走进赤河广场,充满童趣的旋转木马和摇摇车映入眼帘,宽阔平整的广场是小朋友们的游乐天地,奔跑嬉闹的欢笑声是这里经久不息的背景音乐。

广场旁的商业街内餐饮、娱乐应有尽有,你可以约上好友在小酒馆开怀畅饮,也可以带上家人在茶庄品茗论道,各色餐饮店,总有一家能满足你的味蕾。

游乐区对面的电玩城更是一家大小的休闲首选之地,在节假日与孩子一起抓几只娃娃、赛几趟车、玩几场射击游戏,不论何时来到赤河广场都能拥有欢乐的亲子时

△ 俯瞰赤河广场

光。在广场西侧还有深汕第一家电影院,可以在此看一场最新上映的大片。

消防主题公园 化身"小小消防员"

广场旁的滨水公园有更多的自然风光等待着被发现。在滨水公园的绿道起点,有专门为小朋友们准备的消防主题公园。可爱的卡通消防员雕塑供小朋友们拍照留念,站在雕塑背后,将脸放雕塑头部的空缺处,小朋友们瞬间变身"小小消防员"。除此之外,还有各种能与小朋友们互动的装置,让他们在玩耍的同时学习消防安全基础知识。

滨水公园 与青山、绿水、小舟作伴

△ 赤石河上的小舟

滨水公园背靠广场,面朝青山,近处的赤石河波光涟漪,不时划过一叶扁舟。在群山绿水的环抱之下,这里空气清新,芳草鲜美,大片的草地看上去绿油油,踩上去软绵绵。山野田园总让人心生向往,择一好天气,不妨准备好食物带上帐篷,与家人好友在草地上露营野餐。蓝天下碧水岸,天为罗帐地为毡,远离城市的喧嚣在此亲水赏景,放空思绪看赤水河上捕食的白鹭不断起落盘旋。顺着绿道继续穿行在如茵的草地,公园的最西侧,几棵高大挺拔的美丽异木棉正在盛开,满树粉红。蓝天白云下,花枝随风而摆,花影婆娑,时不时有花瓣稀稀疏疏地落下,粉色的花瓣点缀在草地上,赏心悦目。这里也是公园地势较高处,视野开阔,回头望去满眼绿意,留下一张打卡照片,恨不得把这一公园的勃勃生机都装进手机里。

📖 扩展阅读

赤石河 一河承文脉 余韵贯古今

△ 狮山与赤石河

一方水土一方人，36.8 千米长的赤石河不仅是深汕第一大河流，也是深汕人民的母亲河。除了诸多景点，在这条经久不息的赤石河两岸，更多的是承载着居民生计的山塘、稻田、果林、蚝排、渔港等，缓缓流淌的河水在这片土地古老沧桑的历史里滋润着良田，养育万物生灵。俗话说"靠山吃山，靠水吃水"，深汕四镇的居民自古以来便深谙此理，世世代代在此背靠青山，面朝河流，收获着人间烟火。

河水泱泱，文化悠长。赤石河在这片土地上孕育出了两岸丰厚的文化底蕴，浓缩着深汕从古至今的文化与文明。早在新石器时代，就有先民在这里繁衍生息。东晋咸和六年（公元 331 年）建海丰县时就有鹅埠镇。这个区域曾是古代海上丝绸之路的重要节点，孙中山先生在《建国方略》中提出，要在这里建设南方大港和重要商埠。宋代名相文天祥、抗倭名将俞大猷、民族英雄郑成功曾在此留下足迹。还有红四师纪念馆、大安峒革命烈士纪念墓园、彭湃宣传革命旧址、东纵六支战斗遗址等众多红色遗迹，文化丰富多彩。这条凝聚着红色记忆和老区精神的河流，孕育了这片土地丰厚的历史，也讲述着新时代的乡情，守护着她的子孙。

FU LU

附 录

公园里的书吧

公园文化季

公园赏花月历

公园里的帐篷区

宠物公园

漫步锦囊

公园里的书吧

来到深圳游玩，你可以不去景点，但一定要来一趟公园，大大小小的公园构成了"千园之城"独有的绿色气质，使人难忘，而当你静下心来深入了解这座城市，更会被她的书香气深深吸引。公园与书香，构成了深圳的美丽外貌与动人内涵，明媚、灵动、饱满、让人向往。

这座颜值与内在并存的城市，有个动人的别称"爱阅之城"，作为联合国教科文组织表彰的"全球全民阅读典范城市"，深圳最早实现中国"平均每1.5万人拥有一个社区图书馆"的目标。清晨排队的城市图书馆，抬头望海的智慧书房，藏在丛林深处、鲜花环绕的书屋……各式时尚书吧构成城市别样美景。

△ 灯塔图书馆内景

万花筒书屋

色彩斑斓的装饰、动物造型的座椅、各类低幼绘本、丰富的亲子活动……来深圳市儿童乐园内的万花筒书屋，带孩子走入万花筒般的图书世界。

地址：深圳市儿童乐园

自然书吧

位于香蜜公园入口处的自然书吧，为来此休闲漫步的市民提供了一方宁静，望窗外山水如画，享室内诗书年华。

地址：香蜜公园

荷美空间

洪湖公园的荷仙岛，变身闹中取静的荷美空间，在这里望窗外荷塘景色，眺鹭岛白鹭翩翩，品手中万卷书香。

地址：洪湖公园

四海书吧

南山蛇口四海公园内的四海书吧，静藏于葱郁林木中，古典别致的外观，让人仿佛置身古代园林庭院。书吧内设有"蛇口袁庚书院"，以纪念这位深圳改革开放事业的开拓者，想了解蛇口古今，来这里定有收获。

地址：南山蛇口四海公园

白鹭坡书吧

深圳湾公园中的白鹭坡书吧，以"诗歌"为主题，将蓝天绿草大海候鸟定格成画卷，让美景融入书中，把诗意带入生活。

地址：深圳湾公园

灯塔图书馆

盐田海景公园旁的灯塔图书馆，面朝大海，将书籍化为智慧灯塔，指引读书人在无垠的知识海洋中远航。

地址：盐田海景公园

邂逅图书馆

邂逅图书馆静藏于深圳宪法公园内，双层集装箱造型、落地玻璃窗，为漫步途中提供片刻安宁，喜欢研究法律的市民能在这里寻觅一番天地。

地址：深圳宪法公园

绮云书苑

绮云书苑位于西湾红树林湿地公园，外形仿造省级文物保护单位绮云书室而建，青砖灰瓦，富有岭南建筑的古韵。

地址：西湾红树林湿地公园

遇见图书馆

盐田双拥公园内三间如茶室般的小木屋并排而立,悠闲的午后,在盐田河畔"遇见"图书馆。

地址:盐田双拥公园

明心园书吧

明心园书吧位于光明区街心公园明心园内,多功能会议区、沙发阅读区、室外阅读区和水吧等多种功能区域,让阅读成为生活的一部分。

地址:光明区街心公园

大草坪书亭

大草坪书亭由公园原有的旧建筑更新改造而来,主体大胆使用饱满丰富的橙色,在温润绿色的大草坪上显得格外鲜活热情。

地址:坪山区中心公园

白鹭亭书吧

公园内常有白鹭翩翩而飞,白鹭亭书吧因此得名。书吧内连片的落地窗将明亮的春光送给低头读书的人。

地址:葵涌生态体育公园

大运书吧棠悦咖啡

  大运公园书吧坐落在青山绿水间,犹如一颗镶嵌在绿翡翠上的白珍珠。市民游客可在书吧里看自然,在自然里闻书香。

  地址:大运公园

党建书吧

  在欢乐港湾,一座全玻璃结构的现代建筑引人注目。这是一个面朝大海的党群服务中心,为来到周边游玩的市民游客提供便民服务,内部还设有党建书吧,不时举办读书会。

  地址:欢乐港湾

阳台山绿道蝴蝶谷阅览室

  蝴蝶谷阅览室是一个坐落在山间的木屋书吧。市民游客不仅可以在此读书,还可以在爬山途中歇息避雨。

  地址:阳台山北段

人才书吧

  人才书吧位于人才公园内,背靠高楼林立的后海中心区,面向静谧的公园内湖与蔚蓝的深圳湾。坐在书吧内阅读,不光有湖光绿影相伴,还偶有鹭鸟从窗外翩跹飞过,书香野趣,相得益彰。

  地址:人才公园求贤阁

坪山图书馆坪山儿童公园分馆

　　坪山儿童公园分馆位于坪山儿童公园中，外形宛如一座青绿色的玻璃房子，内室是一个清新自然的童趣世界。二楼还设有植物、昆虫标本墙，激发孩子们对自然博物的兴趣。

　　地址：坪山儿童公园

缅栀书吧

　　在仙湖植物园的湖光山色间，坐落着一座缅栀书吧，周围草木青葱、鸡蛋花盛开。书吧内收藏了2万余册植物学相关书籍，是自然研习爱好者的乐土。

　　地址：仙湖植物园科研楼

儿童文学院

　　香蜜公园儿童文学院是一座建在荔林深处的森林图书馆。体验这座图书馆，就如同攀爬一棵知识的大树。

　　地址：香蜜公园

悦海图书馆

　　悦海图书馆位于大梅沙栈道沿海公路旁，在山海间静静伫立。它既是图书馆，也是休息驿站，馆内藏书以海洋科普、自然资源文献为主。

　　地址：大梅沙海滨栈道

公园（绿道）书吧一览

区域	公园(绿道)名称	书吧名称	位置
福田区	儿童乐园	万花筒书屋	福田区儿童乐园内
	中心公园	风雨轩书吧	福田区中心公园内
	中心公园	清枫里.1968书吧	福田区振华西路中心公园D1区（篮球场旁）
	荔枝公园	荔湖阅览室	福田区荔枝公园内
	香蜜公园	儿童文学院	福田区农园路30号香蜜公园内
罗湖区	仙湖植物园	缅栀书吧	深圳市罗湖区莲塘仙湖植物园科研楼一楼
	洪湖公园	荷·美空间	罗湖区文锦北路2023号洪湖公园荷花展厅
	儿童公园	苔藓书房	罗湖区童乐路12号儿童公园内
	人民公园	月季书吧	罗湖区人民公园路26号
盐田区	深圳宪法公园	邂逅图书馆	盐田区沙头角街道公园路深圳宪法公园内
	双拥公园	遇见图书馆	盐田区盐田北山道148号双拥公园
	大梅沙海滨栈道	悦海图书馆	盐田区梅沙街道大梅沙海滨栈道驿站
	小梅沙栈道	观海图书馆	盐田区盐梅路小梅沙栈道驿站（万科天琴湾别墅区东南侧）
	海景公园	灯塔图书馆	盐田区海景二路海景公园观海平台东侧
	回归公园	中英街图书馆	盐田区中英街环城路回归公园
	大梅沙愿望塔	听海图书馆	盐田区盐梅路89号大梅沙国际水上运动中心侧门
	春天海社区公园	春天海公园书吧	盐田街道杨梅新村春天海公园
南山区	深圳湾公园	白鹭坡书吧	南山区滨海大道深圳湾公园白鹭坡
	深圳人才公园	人才书吧	深圳人才公园求贤阁内
	大沙河生态长廊	环保书吧（含咖啡吧）	南山区滨海大道（大沙河生态长廊入海口）
	大沙河生态长廊	大沙河生态长廊游客服务中心（含氮气茶馆）	大沙河公园西门
	大沙河生态长廊	大沙河生态长廊遇见茶舍	大沙河生态长廊大学城段丽水路
	深圳湾滨海休闲带西段	午后咖啡	深圳市南山区望海路半岛城邦三期2栋1楼动元健康管理中心对面
	四海公园	四海书吧	四海公园西门四海书吧
	云之园	云之园咖啡书吧	科技南路与高新南环路交会处西北角云之园内
	西丽生态公园	西丽生态公园-熙娅书店	西丽生态公园游客服务中心
	西丽生态公园	麦子咖啡书吧	南山区西丽街道曙光社区生态公园休息室

区域	公园(绿道)名称	书吧名称	位置
宝安区	滨海文化公园	党建书吧、宝安画卷	党群服务中心
	西湾红树林公园	绮云书苑(西湾简阅书吧)	宝安区西乡街道金湾大道旁（西湾红树林公园二期内）
	立新湖公园	立新湖书吧	宝安区福永街道福洲大道立新湖公园简阅书吧
	五指耙公园	五指耙阅读中心	宝安区五指耙公园
	石岩湖郊野公园	宝安图书馆石岩环湖碧道自助分馆	石岩湖郊野公园（俯仰之间公园）
	阳台山森林公园	揽月书吧	宝安区石岩入口揽月楼
龙岗区	石芽岭公园	图书馆	石芽岭体育公园内
	龙城公园	龙城公园自然教育中心	龙城公园东门
	嶂背郊野公园	一见书吧	龙岗区嶂背郊野公园山顶
	大运公园	大运书吧棠悦咖啡	龙岗区大运公园U形湖畔
坪山区	坪山区中心公园	大草坪书亭	坪山区坪山街道公园六路与公园一路交会处
	坪山儿童公园	青青草书房	坪山区碧岭街道同裕路与黄竹坑路交会处
	坪山儿童公园	坪山图书馆坪山儿童公园分馆	坪山区碧岭街道同裕路与黄竹坑路交汇处
龙华区	阳台山绿道	蝴蝶谷阅览室	阳台山北段
	阳台山绿道	云溪谷阅览室	阳台山南段
	阳台山绿道	云溪谷种子书屋	阳台山南段
	世纪广场	世纪广场"小菲博特"咖啡书吧	世纪广场绿地
	深圳北站中心公园	"湾区之芯"人才书吧	深圳市龙华区致远中路 龙华区人才绿道群贤广场
光明区	明心园	简阅书吧	光明区明政路与光侨路交叉口西
	马拉松山湖绿道	雨水花园驿站书吧	光明区光明街道观光路雨水花园
	马拉松山湖绿道	大顶岭驿站书吧	光明区光明街道光灿路大顶岭驿站
	西田体育公园	西田体育公园书吧	公明街道西田社区西田体育公园
	西田社区公园	西田社区公园书吧	公明街道西田社区西田社区公园
	下村公园	下村公园书吧	公明街道下村社区下村公园
大鹏新区	禾塘山水公园	禾塘山水"城管学院"书吧	深圳市大鹏新区金岭路禾塘山水公园内
	葵涌生态体育公园	白鹭亭书吧	大鹏新区葵涌街道坪西路公园观光廊桥下

公园文化季

公园,是工业革命的产物,在时代的推进中,越来越多地被赋予人文的色彩。

从最初仅有的两个公园,到如今的 1260 个公园,深圳是名副其实的"千园之城"。公园见证了城市的发展,伴随着一代代深圳人的成长。莲花山公园的簕杜鹃、深圳湾公园的鸟与海、洪湖公园的荷花,更是专属于深圳人的季节之约。

深圳的公园从不辜负深圳人对于生活的期待,不管是风光,还是公共文化活动都给人们带来了新鲜的观感。深圳公园文化季将丰富的文化活动引入了公共绿地空间,例如缤纷花展、草地音乐会、儿童音乐剧、自然教育嘉年华、极限运动嘉年华、深圳光影艺术节等等。每一个季节都有活动可以参与,而最妙的是这些活动都免费向公众开放。

△ 粤港澳大湾区花展

缤纷花展

夏赏莲花冬看菊，深圳人的一年四季总有各种鲜花相伴。公园里规模化培育的花卉植物每逢花季，一同绽放成海，形成一片热闹的繁花盛景。各大公园会根据各自种植的特色花卉举办花展，比如莲花山公园的簕杜鹃花展、东湖公园的菊花展、人民公园的月季展、仙湖植物园的粤港澳大湾区深圳花展、洪湖公园的荷花展等等。每年一度的系列花展，是城市美学的空间展现，也是深圳市民的欢乐嘉年华。

△ 洪湖公园荷花展

草地音乐会

坐在草地上听交响乐、面朝大海感受音乐与海浪一同起伏、在森林环抱的天然剧场里聆听乐曲的回响……在深圳，在公园里享受一场音乐盛宴，已经成了市民们日常生活的浪漫。其中，莲花山公园草地音乐节、深圳湾音乐会、仙湖植物园森林音乐会最受瞩目，举行时间一般集中在每年 11 月至次年 1 月，需提前通过"美丽深圳""深圳城管"公众号进行抢票，凭票入场。

△ 深圳湾音乐会

儿童音乐剧

公园文化季系列中的儿童音乐剧，每次上演都受到了孩子们的欢迎。以经典童话和动漫为 IP 改编的音乐剧新颖有趣、生动活泼，为孩子们带来了沉浸式的梦幻世界。系列儿童音乐剧每年在园博园的欢乐剧场举行，可通过线上抢票的方式领取到免费门票。

△ 园博园儿童音乐剧

极限运动嘉年华

深圳是中国极限运动的发源地。在深圳湾畔，每年12月滑板、直排轮滑等惊险刺激的极限运动轮番上演。这是一场世界极限运动嘉年华，从2017年开始走进深圳湾公园，每年都吸引了数万人前来观看。人们可以在运动员们充满惊险的表演动作中，近距离感受到极限运动的魅力。

△ 极限运动嘉年华

自然教育嘉年华

自然教育嘉年华自2019年开始举办，活动联合数十家深圳自然教育中心和自然教育机构在公园里设置多个主题摊位，为深圳人奉上丰富的自然教育活动。在这里，可以看到自然教育专家和博物爱好者分享他们行走山野的所见所思，可以参加自然手工、识别各类动植物等互动活动。自然教育嘉年华一般于当年的11月或12月举行。

△ 自然教育嘉年华

深圳光影艺术季

夜晚的深圳是繁华的不夜城，而光影艺术季则为城市的夜晚增添了更多浪漫。在城市的公共空间里，置入了上百件出自国内外艺术家之手的光影艺术作品。人们在夜间漫步时，就可以碰到这些充满想象力的装置，遇见光影带来的惊喜。光影艺术季横跨每年12月至次年2月，游客市民可以在冬日的夜晚与光同行，共享奇妙的视觉之旅。

△ 深圳光影艺术季的香蜜公园展区

公园赏花月历

地处北回归线以南的深圳,属亚热带季风气候,雨热充沛,温润舒适。宜人的气候条件让深圳成为一座被花海拥抱的城市,这里四季有花开、季季花不同,不管是在街头巷尾,还是在公园绿道,每一个月都邂逅不一样的烂漫花海。

3月黄花风铃木的花朵随着春色一起挂满了人才公园的枝头,5月艳红的凤凰花带着一身热烈,绽放在华侨城生态广场,而6月洪湖公园的清丽荷花,为炎夏和观荷人送来了一丝清凉。秋冬季,美丽异木棉花开满城,在摩天高楼间装点上或淡粉、或紫红的似锦花云。

爱花的深圳人知道哪个季节去哪里看花。你也可以参考深圳公园的赏花月历,去开启一次赏花之旅。

△ 香蜜公园的炮仗花

梅花 | 花期：`1月`
赏花地点推荐：中心公园、荔枝公园、三洲田森林公园、梅林山公园等

紫花风铃木 | 花期：`1月` `2月`
赏花地点推荐：莲花山公园、荔枝公园、深圳湾公园、银湖山公园等

朱樱花 | 花期：`1月` `2月`
赏花地点推荐：园博园、笔架山公园、莲花山公园、儿童乐园等

山茶 | 花期：`1月` `2月`
赏花地点推荐：园博园、荔枝公园、笔架山公园等

冬红 | 花期：`10月` `11月` `12月` `1月` `2月`
赏花地点推荐：莲花山公园、园博园、笔架山公园、银湖山公园、皇岗公园等

美丽异木棉 | 花期：`9月` `10月` `11月` `12月` `1月`
赏花地点推荐：各大公园

红花羊蹄甲 | 花期：`12月` `1月` `2月`
赏花地点推荐：各大公园

火焰木 | 花期：`12月` `1月` `2月`
赏花地点推荐：各大公园

炮仗花 | 花期：`2月`
赏花地点推荐：洪湖公园、笔架山公园、银湖山公园等

宫粉紫荆 | 花期：`2月`
赏花地点推荐：东湖公园、笔架山公园、中心公园、莲花山公园、红岗公园、银湖山公园、荔枝公园、皇岗公园

喜花草 | 花期：`2月`
赏花地点推荐：莲花山公园、梅林公园、儿童乐园、荔枝公园等

禾雀花 | 花期：`2月` `3月`
赏花地点推荐：塘朗山公园、阳台山公园等郊野公园（白色花）、东湖公园（紫色花）

锦绣杜鹃 | 花期：`3月`
赏花地点推荐：东湖公园、笔架山公园、深圳湾公园及各大公园

黄花风铃木 | 花期：`3月`
赏花地点推荐：各大公园

木棉 | 花期：`3月`
赏花地点推荐：各大公园

朱顶红 | 花期：`3月`
赏花地点推荐：中心公园

刺桐 | 花期：`3月`
赏花地点推荐：深圳湾公园、莲花山公园、洪湖公园、东湖公园、笔架山公园等

垂直红千层 | 花期：`3月` `4月`
赏花地点推荐：东湖公园、荔枝公园、儿童乐园、莲花山公园、洪湖公园、银湖山公园等

花旗木 | 花期：`4月`
赏花地点推荐：园博园、深圳湾公园、园科公园等

火烧花 | 花期：`4月`
赏花地点推荐：园博园、深圳湾公园、莲花山公园等

粉花风铃木 | 花期：`4月`
赏花地点推荐：莲花山公园、中心公园、儿童乐园、红岗公园、荔枝公园等

中国无忧树 | 花期：`4月` `5月`
赏花地点推荐：莲花山公园、园博园、笔架山公园等

夹竹桃 | 花期：`4月` `5月`
赏花地点推荐：深圳湾公园、莲花山公园、洪湖公园、荔枝公园、笔架山公园

朱槿 | 花期：`4月` `5月` `6月` `7月` `8月` `9月` `10月`
赏花地点推荐：各大公园

巴西鸢尾 | 花期：`4月`
赏花地点推荐：各大公园

苹婆 | 花期：`4月` `5月` `6月` `7月` `8月`
赏花地点推荐：莲花山公园、园博园

假苹婆 | 花期：`4月` `5月` `6月` `7月` `8月`
赏花地点推荐：东湖公园、儿童乐园、莲花山公园、红岗公园、笔架山公园、皇岗公园

翠芦莉 | 花期：`4月` `5月` `6月` `8月` `9月`
赏花地点推荐：各大公园

凤凰木 | 花期： 5月
赏花地点推荐：各大公园

鸡蛋花 | 花期： 5月 6月 7月
赏花地点推荐：各大公园

美人蕉 | 花期： 5月
赏花地点推荐：洪湖公园、荔枝公园等

鸡冠刺桐 | 花期： 5月
赏花地点推荐：莲花山公园、皇岗公园、儿童乐园、红岗公园等

毛果杜英 | 花期： 5月
赏花地点推荐：莲花山公园、园博园、笔架山公园、儿童乐园、荔枝公园等

灰莉 | 花期： 5月 6月
赏花地点推荐：东湖公园、园博园、笔架山公园、皇岗公园等

使君子 | 花期： 5月 6月 7月 8月
赏花地点推荐：各大公园

腊肠树 | 花期： 6月 7月 8月
赏花地点推荐：莲花山公园、深圳湾公园、荔枝公园、儿童乐园、园科公园等

大花紫薇 | 花期： 6月 7月 8月 9月
赏花地点推荐：各大公园

荷花 | 花期： 6月 7月
赏花地点推荐：洪湖公园

爪哇决明 | 花期： 6月
赏花地点推荐：荔枝公园、儿童乐园等

花叶艳山姜 | 花期： 6月
赏花地点推荐：莲花山公园、园博园、笔架山公园、梅林山公园、荔枝公园、儿童乐园等

粉叶金花 | 花期： 6月 7月 8月 9月
赏花地点推荐：各大公园

白兰 | 花期： 6月 7月
赏花地点推荐：深圳湾公园、园博园、梅林山公园、荔枝公园、儿童乐园、园科公园等

紫薇 | 花期： 6月 7月 8月
赏花地点推荐：各大公园

软枝黄蝉 | 花期： 6月 7月 8月 9月 10月
赏花地点推荐：各大公园

龙船花 | 花期：6月 7月 8月 9月 10月 11月

赏花地点推荐：各大公园

金凤花 | 花期：7月 8月 9月 10月

赏花地点推荐：各大公园

紫蝉 | 花期：7月 8月 9月 10月

赏花地点推荐：莲花山公园、儿童乐园、深圳湾公园、银湖山公园、荔枝公园、洪湖公园等

韭兰 | 花期：8月

赏花地点推荐：中心公园、儿童乐园、园科公园

复羽叶栾树 | 花期：8月 9月

赏花地点推荐：各大公园

簕杜鹃 | 花期：9月 10月 11月

赏花地点推荐：莲花山及各大公园

黄钟花 | 花期：10月 11月 12月

赏花地点推荐：园博园、莲花山公园、中心公园、皇岗公园、梅林山公园等

羊蹄甲 | 花期：10月 11月

赏花地点推荐：各大公园

铁冬青 | 果期：10月 11月 12月

赏花地点推荐：东湖公园、儿童公园、笔架山公园、银湖山公园、荔枝公园、园科公园等

菊花 | 花期：10月 11月

赏花地点推荐：东湖公园

木芙蓉 | 花期：10月

赏花地点推荐：各大公园

黄槐决明 | 花期：11月

赏花地点推荐：莲花山公园、梅林公园、儿童乐园等

公园里的帐篷区

晒着温暖的阳光,看公园里的湖光山色,三五好友围坐在一起举行小小的草地音乐会,或是一家子铺上餐桌布,其乐融融地享受美食与美景……在户外运动风潮渐起的当下,越来越多年轻人和有孩家庭开始向往"家门口的远方",渴望在都市里的公共绿色空间里进行一场小小的露营。

蛙叫虫鸣、风拂过树林的沙沙声、海浪拍岸的潮汐声,从耳机里的白噪声变成了耳畔真实灵动的自然乐曲。云浪星海、鸟跃林间从电视上的高清画面变成了眼中动人的风景。露营,让亲近自然变成生活的日常,也让自己拥有远离城市繁杂的放空时光。

全市各区公园设置了公园帐篷休憩区,邀请市民游客在深圳的公园里享受露营的快乐。

△ 深圳湾公园的帐篷区

福田区

莲花山公园　风筝草坪、深业上城连廊草坪

中心公园　全园草坪

荔枝公园　北门大草坪（单月）、浸月桥边草坪（双月）

梅林公园　古荔区西门荔枝林

笔架山公园　滚球场大草坪、天趣谷草坪、桉树林

罗湖区

相思林公园　相思广场

东湖公园　树木园、阳光草坪、棕榈园

洪湖公园　绿天坪

罗湖体育休闲公园　东湖二路排球场北侧

南山区

大沙河公园　大沙河公园山顶晴雨廊对面草坪、三生亭下边草坪

深圳湾公园　海风运动公园、日出剧场

锦园　公园内草坪

峰景社区公园（香瑞园）　公园内草坪

寄山桃花园　公园内草坪

盐田区

内湖公园　3号桥旁圆形广场、5号桥两侧场地

宝安区

滨海文化公园　公园西区天幕广场大草坪、中区华为通往庆典广场处

宝安公园　西门大草坪

海滨广场　西南区草坪

凤凰山森林公园　凤凰山广场左侧玉兰苑大草坪

尖岗山公园　公园主出入口广场草坪（大井山路）

簕杜鹃谷公园　科普区大草坪、儿童乐园大草坪

蚝乡湖公园　艺术草坡

五指耙公园　管理房前草坪、观龙台两边草坪

麒麟山公园　中心广场边大草坪

石岩湖湿地公园　望山桥旁大草坪、蝉鸣桥至风铃桥旁大草坪

龙岗区

大运公园　6号公厕正前方大草坪、左前方大草坪

龙城公园　海关大厦后大草坪

红花岭公园　烈士纪念碑右后侧空旷区域

光明区

石围公园　公园内斜坡草坪区域

红花山公园　公园阳光大草坪

明湖公园　光明大道与根玉路交汇处

马拉松山湖绿道　光明街道观光路雨水花园

迳口社区公园　光明办事处迳口社区公园

龙华区

观湖中心公园　中心公园黄房子旁

白石龙音乐公园　音乐草坪区

北站中心公园　儿童乐园区

大鹏新区

坝光银叶树湿地园　公园内大草坪区域

坪山区

聚龙山生态公园　阳光大草坪

聚龙山湿地公园　A4区域

中心公园　坪山街道公园一路与公园六路交会处大草坪

光祖公园　公园陵园南

坪山儿童公园　碧岭街道同裕路与沙湖路交汇处阳光草坪、枝林秘境、荔枝林

温馨提示

◎ 公园草坪可搭建中小型的家用帐篷，占地面积小于5平方米，高度不超过1.5米，不得使用脚钉固定。

◎ 帐篷不能全封闭，要能从外面观察到帐内情况，以便巡防人员发现安全隐患，及时提醒或救助。

◎ 帐篷内不能有吸烟、烹饪或大声喧哗等不文明行为，共同维护良好的休闲空间。

宠物公园

遛狗，是养犬人士日常事项之一。带着自家的"毛孩子们"在公园里放风遛弯、社交撒欢，不仅让狗子们在大自然里释放了天性，而且对于"铲屎官"们来说，也是一种别具一格的户外运动方式。

深圳市公园管理中心为养犬人士们推出了多个宠物公园，狗子们可以和主人们一起在城市的公园里享受阳光、清风与花香鸟语。

带上您的宠物去下面这些公园畅游

福田区：景田北六街公园宠物主题园
罗湖区：洪湖东社区公园
盐田区：春天海社区公园
南山区：四海公园宠物乐园
宝安区：新安二路灵芝社区公园旁公共绿地
龙岗区：龙岗河干流珍珠滩右岸堤顶小公园
龙华区：民治简上社区公园
坪山区：光祖公园东门入口旁
光明区：玉塘街道长圳社区大雁山入口处
大鹏新区：葵涌金岭路大宝幼儿园河道绿地
深汕特别合作区：鹅埠镇创新大道边溪街心公园

漫步锦囊

我们精心挑选了以下这些"漫步锦囊",带上它们出发,能够帮助你度过更加愉悦而舒适的漫步时光。

攻略有方

① 线上平台

这些线上平台可以提供公园景点资料和其他必要信息:

a. "美丽深圳"公众号:你可以在这里找到各个公园的景点图文介绍以及停车、厕所、文化展、活动等信息,还可以预约各个公园文化季。

b. 常用地图APP:提供多种交通指引,以及展示洗手间和停车场的位置。

② 线上观展

部分景点会提供线上VR体验,可以先在网上一饱眼福,再决定要不要实地游览,如关山月美术馆、深圳博物馆等都提供了线上VR观展体验。

③ 文化活动

不少景点在特定时段会推出精彩纷呈的文化活动:如莲花山簕杜鹃花展、莲花山草地音乐节、光影艺术节、蛇口戏剧节等等,可以根据最新信息规划出游。

④ 合理安排时间

为了尽可能囊括更多有趣的景点,各条线路的内容非常丰富,如果想要一次性走完,请提前规划好时间。

⑤ 我们的"温馨提示"

在每条线路后面都有作者根据实地考察经验列出的小贴士,你可以根据这些"温馨提示"考虑需要注意的地方。

⑥ 记得预约

有的场所(如博物馆和美术馆等)需要预约。

🎒 行囊有备

① 防蚊防晒

许多公园植被茂密，会有一些蚊虫，建议携带防蚊虫的喷雾或贴纸等。在夏秋两季，天气晴朗的时候，太阳从中午变得更加热烈，出行记得涂抹防晒霜，穿上防晒服。

② 携带雨伞

天气常常和人的心情一样——"有时天晴有时雨"，在小包里带上一把轻便的晴雨伞，遇到暴晒和雨水，就都能从容应对了。

③ 轻装出行

我们的线路常常穿插商场和便利店，中途可以随时"补给"，为了步伐的轻快，可以尽量轻装出行。

🏞 户外漫步

① 规划体力

行走在公园或穿梭于车水马龙中，地势和环境不同，耗费的体力也有差异，可以根据自己的体力规划自己的行程。

② 合适的鞋子

一双合适的鞋子会大大提高漫步的质量，建议选择一双方便行走与运动的鞋子。

✡ 文明出行

① 注意文明标识

文明的风尚，是一个城市精神的闪光，也是市民素养的体现。我们倡导文明出行，不乱丢垃圾，不在禁烟区吸烟，不在静音场所喧哗等。出行时请注意各种文明标识，做一个受欢迎的游客。

② 交通指引

我们为每条线路的起点都列出了交通指引，因出发点不同，指引仅供参考。

图片资料提供

深圳报业集团   深圳市建筑工务署   深圳市公园管理中心   深圳市仙湖植物园   宝安区城市管理和综合执法局   龙岗区城市管理和综合执法局   盐田区司法局   盐田区公园管理中心   虹桥公园自然教育中心   航城街道办事处   深业上城   O·POWER文化艺术中心   深圳华侨城创意文化园   沙头角公众号

李晶川   邓华山   孙琪翔   陆颖   陈玉   周志成   李小辉   赖犁   余冕   方舟   张立   严文婷   崔嵩

"美丽深圳"丛书编写指导单位

深圳市城市管理和综合执法局

"美丽深圳"丛书顾问委员会

总 策 划 张国宏

策　　划 邝龙桂　杨　雷　黄立新　冯增军　杨立群　何　涛
　　　　　　吴江天

《公园深圳》编委会

单　　位 深圳市城管宣教和发展研究中心
主　　编 金　红
副 主 编 孙　霞　郭　仪　林崇钧
编　　务 张玉洁　何振中　白　鹭　韩跃武
撰　　稿 孙　霞　陈龙辉　邱姗姗　高灵灵　张梦莹　周　怡
　　　　　　伊宵鸿　周婉军　林友帛　李　娴　王　博　李其聪
　　　　　　吴智欣　余　冕　唐文隽　王　涛　白　雪　程文丽
　　　　　　孙中春　陈仪衡　邱晓君　刘云惠里
绘　　图 许　佳
设　　计 林国壮　袁耿璋
审　　校 廖齐梅
图　　片 钟子杰　宁杰文　汪封祎

图书在版编目（CIP）数据

公园深圳：探索山海连城 遇见绿美深圳 /"美丽深圳"丛书编委会编著. -- 深圳市：大同出版传媒有限公司，2023.7

ISBN 978-7-5233-0007-7

Ⅰ.①公… Ⅱ.①美… Ⅲ.①深圳—概况 Ⅳ.① K926.53

中国国家版本馆 CIP 数据核字 (2023) 第 105339 号

公园深圳
GONG YUAN SHEN ZHEN

责任编辑	周静娟	助理编辑	朱之翰	

封面设计	许　佳
装帧设计	林国壮　袁耿璋

出　　版	大同出版传媒有限公司
地　　址	深圳市南山区卓越前海壹号 T1 座
网　　址	http://www.grandunity.com.cn
邮　　箱	datongchuban2022@163.com
发　　行	大同出版传媒有限公司（邮编：518052）
联系电话	0755-61368295
印　　刷	深圳市新佳佳彩印刷有限公司
开　　本	889mm×1000mm　1/16
印　　张	18.625
字　　数	419 千
版　　次	2023 年 7 月第 1 版
印　　次	2023 年 7 月第 1 版
定　　价	138.00 元